中国人的礼乐 丛书

过中国节 守中国礼

传统文化中的节庆礼仪

曲阜师范大学礼乐文化研究与推广中心　组编
阎建滨　著

齊魯書社

图书在版编目（CIP）数据

过中国节　守中国礼：传统文化中的节庆礼仪 / 曲阜师范大学礼乐文化研究与推广中心组编；阎建滨著. -- 济南：齐鲁书社, 2024.1

ISBN 978-7-5333-4746-8

Ⅰ. ①过… Ⅱ. ①曲…②阎… Ⅲ. ①节日—风俗习惯—中国②礼仪—风俗习惯—中国 Ⅳ. ①K892.1②K892.26

中国国家版本馆CIP数据核字（2023）第124970号

责任编辑：许允龙　张　涵
封面设计：祝玉华
版式设计：赵萌萌

过中国节　守中国礼：传统文化中的节庆礼仪
GUO ZHONGGUOJIE SHOU ZHONGGUOLI CHUANTONGWENHUA ZHONG DE JIEQING LIYI

曲阜师范大学礼乐文化研究与推广中心　组编
阎建滨　著

主管单位	山东出版传媒股份有限公司
出版发行	齊魯書社
社　　址	济南市市中区舜耕路517号
邮　　编	250003
网　　址	www.qlss.com.cn
电子邮箱	qilupress@126.com
营销中心	（0531）82098521　82098519　82098517
印　　刷	日照日报印务中心
开　　本	710mm × 1000mm　1/16
印　　张	16
插　　页	1
字　　数	237千
版　　次	2024年1月第1版
印　　次	2024年1月第1次印刷
标准书号	ISBN 978-7-5333-4746-8
定　　价	68.00元

序

宋立林

礼序乾坤，乐和天地。

礼乐是中华文明的底色，也是中华文明区别于其他文明的显著特征。要认识中华文明，首先要抓住礼乐这个关键。柳诒徵先生曾经指出：“礼者，吾国数千年全史之核心也。”钱穆先生也认为：“中国的核心思想就是礼。”这里的“礼”是广义上的，自然包括乐在内。礼乐如此重要，但国人对礼乐的认知却存在极大的偏颇。这主要与五四以来的“反礼教”思潮有关。一个多世纪以来，五四以来的“封建礼教吃人”说，经过几次三番的、持续不断的重提，已经成为不少国人的基本认知，尤其是部分知识分子更是执着于这一论调，而对礼乐文明心存芥蒂，乃至大加挞伐。礼乐，尤其是礼在现代人心目中基本上呈现为一种负面价值，将之视为现代文明的对立面，就遮蔽了礼乐在中华文明发展历程中的作用，也根本未加审视和思考礼乐在中华民族现代文明建设中的价值。

不过，晚近十几年来，随着传统文化复兴的大势所趋，礼乐文化也渐渐得到越来越多的重视。不仅研究礼乐的学者队伍日渐壮大，研究机构不断涌现，学术成果层出不穷，而且“两创”成果也呈现可喜的局面，礼乐从书斋渐渐走向大众。《管子》云："仓廪实则知礼节，衣食足则知荣辱。"随着我国社会发展，生活水平提高，民众对于礼乐的需求和渴望也日渐强烈。正是在这一背景下，我个人也加入到礼乐文化的研究与推广中来。2017年，曲阜师范大学成立中华礼乐文明研究所，并与孔子研究院礼乐文明中心合作，组建了曲阜礼乐文明研究与传播中心。2022年，中华礼乐文明研究所改建为礼乐文化研究与推广中心。之所以更名，就是要表达我们的工作目标，一方面要继续深入礼乐文化的研究，另一方面也要努力做好礼乐文化的推广。二者相辅相成，不可偏废。而我对礼乐文化推广的基本思路，主要包括两个方面，一方面就是将小众的礼乐文明研究成果转化为大众的普及读物，促进大众对礼乐知识和基本精神的了解；另一方面就是通过新礼乐的建构，让礼乐时代化，让更多国人亲近礼乐、体验礼乐、践行礼乐，从而推动礼乐生活、礼乐社会的建构。这两个方面，落实起来都十分不易。关于后者，这几年除了与孔子研究院合作编辑《新礼乐》学术辑刊之外，更积极响应地方政府的号召，与相关部门合作，开发比如新中式婚礼、新节庆礼仪、校园礼仪等新礼仪，编订《中小学生礼仪文明规范》等，并策划相声剧《杏坛·礼乐》、雅乐《齐鲁风》等节目，还参与齐鲁频道《中国礼 中国乐》第一季的录制，吸引更多的人们亲近礼乐。每年祭孔大典的各种策划，更是常态化的工作。关于前者，我除了撰写《礼德诠解》一书，作为杨朝明师与我共同主编的《中华传统八德诠解丛书》的分册之外，更是主动策划了一套礼乐文化丛书。我最初的设想是要出新，不能与其他同类图书重复，因此设立了一个"日知礼乐"系列，以360问的方式，将中国礼乐的几大类做系统的解说。当时大约列出了七本，包括冠婚礼、祭礼、释奠礼、丧葬礼、常礼、节庆礼仪、礼乐精神等。分头联系了我认为的最佳人选，在征得大家认可后正式启动。但是

“360 问”的形式，着实不易落实，况且作者们大都是各自单位的学术中坚，学术工作繁重，加之我本人更是忙得无暇他顾，作为主编督促不够及时，故大家都迟迟未能提供完备的提纲。当提纲大体完成后，书稿的撰写也极为缓慢。只有陕西的阎建滨老师，不仅快速提供了非常理想的提纲条目，而且第一个提交了全部书稿。面对这样的局面，我觉得不能再拖，需要改变思路，成熟一本出版一本，方为上策。故将此想法与齐鲁书社许允龙兄进行沟通，希望能够在齐鲁书社出版。我提供了基本的设想并提交了阎老师的提纲条目与部分书稿，经过出版社内部的审读和研究，同意立项。我也同意允龙兄的建议，舍去“日知”“360 问”的僵化形式，灵活处理，并改称“中国人的礼乐”丛书。阎老师这一本列为第一种出版。

阎建滨老师，是我在 2018 年于西安结识的。那一年，我受友人邀请前往西安讲礼乐文化。那是我第一次来到古都，非常兴奋。活动结束后，我便前往拜访著名收藏家崔文川先生。其实，我认识崔老师也不久，因书法学院陈培站兄的引荐，我曾与崔老师在曲阜小酒馆小酌对饮。崔老师与我一样，小酌即面红耳赤。这次去西安，便渴盼造访文川书坊。崔老师邀约了阎建滨先生和李朵先生一起陪我聊天。阎老师温文尔雅，风度翩翩，给我留下深刻印象，从此结识。此后与阎老师在微信朋友圈时常互赞，深知他对节庆文化的腹笥之深，因此当我设计丛书，列出“节庆礼仪卷”时，第一人选自然便想到了阎老师。当我请他担纲时，尽管我们只有一面之缘，他却一口应允，非常爽快，这令我非常感动。他交来的提纲条目和初稿，都令人赞叹！我也发现了自己在这一方面的知识缺陷，居然有不少节庆礼仪闻所未闻，这令我对这部书稿更为期待。而他的整部书稿传给我之后，我也及时拜读。阎老师并非高校学者，而是长期在民间节庆文化社团组织中工作，以个人的学识和创意服务不同层面的文化需求，尽心竭力，同样令人感佩。有了这样的工作实践，加上长期的学问积淀，他的文笔简练，轻松活泼，娓娓道来。这正是文化普及读物应有的样子。

此书得以顺利面世，主要得益于齐鲁书社领导的关爱，尤其是许允龙兄的辛勤付出。作为“中国人的礼乐”丛书的主编，我不仅要祝贺阎老师的《过中国节 守中国礼——传统文化中的节庆礼仪》大作出版，更要表达对出版社同仁的感激之情。当然，我也希望丛书的其他各卷能尽快完成，陆续问世。

2023 年 7 月 28 日于慢庐

前言

中国是礼仪之邦，礼乐文化是中华优秀传统文化的根脉。“每逢佳节倍思亲”，节日是中国人“礼尚往来”、礼仪交往最为频繁的日子。因此，千百年来，过中国节、守中国礼，一直是中华民族精神传承的重要方式。

传统节日作为中国传统文化的重要载体，无不渗透着浓厚的中国礼仪文化。几乎每一个重要节日和重要纪念日，中国人都有一系列特定的礼节、礼规、礼俗、礼语，甚至还有一定的禁忌，由此构成了中国传统节庆独特的礼仪文化，也成为世界节庆礼仪中极其鲜明的文化现象。

本书所涉及的中国传统节庆，包括传统节日和重要纪念日两大部分。因此，本书内容不仅涉及中国传统节日礼仪，如春节礼仪、清明礼仪、端午礼仪、七夕礼仪、中秋礼仪、重阳礼仪、冬至礼仪等，还包括古代重要人物的诞辰或纪念日的礼仪，如孔子祭祀礼仪、关公祭祀礼仪、妈祖祭祀礼仪等。此外，还包含了一部分中国少数民族节庆礼仪，如傣族泼水节礼仪、壮族三月三礼仪、彝族火把节礼仪等。

应该说，涉及中国传统节庆礼仪的研究在国内还是十分零散的，缺乏深入系统的研究，严重滞后于现实的文化需求。近年来，从文化自觉到文化自信，“新国潮”正在青年一代中广泛兴起，许多年轻人开始穿“华服”过中国节，但在如何行“中国礼”上，缺乏传统节日礼仪的支撑，更缺乏对中国传统节庆的创造性转化和创新性发展。因此，对中国传统节庆礼仪文化进行研究和普及，很有现实意义。

一、仪式化与伦理化是中国传统节庆的核心内容

与西方节日以宗教为核心不同，中国传统节日是以自然岁时观念为核心的，也叫岁时节令。“岁时”是中华民族早期的自然时序；“节令”则是中华民族后来的人文时序。

岁时节令是自然与人文结合的产物，随着节日进入中华民族先民的生活，人们常常忙里偷闲，安排节日生活，赋予节日许多人文故事、民间信仰、娱乐游戏，并形成了礼仪、礼规、礼俗，使节日更加具有仪式感和文化凝聚力。

早在周代，中国就诞生了礼乐文明，出现了《周礼》《仪礼》，形成了“经礼三百，曲礼三千”的礼仪现象。礼仪文化对节日的影响，最早是在汉代，因为汉代是中国传统节日的形成期。从时间上来看，汉代二十四节气的完善和《太初历》的完成，确定了以寅月为岁首的规范，中国传统的重要节日也形成了相对固定的时间，如元日（春节）为正月初一、上巳节为三月初三、端午节为五月初五、七夕节为七月初七、重阳节为九月初九等。同时，汉代董仲舒“尊崇儒术”的思想，导致儒家礼仪伦理开始渗入节日风俗，给节俗带来了浓浓的人情味，人们在节日里格外重视家庭、家族之间的血缘关系，具有浓烈的孝亲情感。

经过魏晋南北朝时期的民族融合，中国传统节日到唐宋时期迎来了发展的高峰期。唐宋时期经济发达、文化繁荣、科技进步，促使许多节日禁忌渐渐消弭，节日向礼仪化、娱乐化方向进一步发展。尤其是唐代《开元礼》的诞生，使节日风俗化为礼俗，清明节祭祖的礼仪开始“永为常式”。

明清是中国传统节日的稳定发展期，最明显的变化就是此时更加讲究节日的礼仪性和应酬性，节日礼仪成为士族百姓家庭遵守的礼规。逢年过节，不仅有一系列的礼节与礼仪规范，还十分讲究过节送礼、礼节用语、饮食着装等方面的规矩。礼是秩序，也是规矩，来而不往非礼也。节日走亲访友如

何穿衣，进门行什么礼，说什么话，拿什么礼物，礼物是单数还是双数……都有讲究和规矩，否则就是“失礼”。对中国传统家庭或家族来说，“失礼”丢的不仅是“失礼人”的脸面，还是整个家庭乃至家族的面子，绝不可轻视。

二、多元化与多民族是中国传统节庆礼仪的重要特征

儒家礼仪是中国传统节庆礼仪的核心，《周礼·春官·大宗伯》中所归纳的“五礼”——吉礼、凶礼、军礼、宾礼、嘉礼，在我国传统节日中都有表现。尤其是吉礼（即祭祀鬼神的活动），几乎贯穿中国传统节日的始终，不仅皇家冬至祭天、夏至祭地、春分祭日、秋分祭月，民间也有元日（春节）、清明、中元、中秋、寒衣、重阳等节日祭祖先、祭亲人、祭亡魂的传统。此外，上巳节的“冠礼”、年前的“赶乱婚”、社日的“乡饮礼”、清明的“丧礼”，都与儒家伦理孝道礼仪有关。

尽管儒家礼仪占据核心地位，但并非一元化，中国传统节日礼仪也受佛教、道教等宗教礼仪的影响。自东汉时期佛教进入中国以来，佛教对中国传统节日的影响越来越大，如腊八节原本是中国古老的腊日祭，但经过佛教的长期影响，如今已经成为以寺院施粥为主的节日了；还有四月初八的浴佛节、七月十五的盂兰盆节、七月晦日的地藏节等，在许多地方影响深远。道教是我国的本土宗教，道教以阴阳相合为出发点，我国的春节（正月初一）、上巳节（三月初三）、端午节（五月初五）、七夕节（七月初七）、重阳节（九月初九），都采用“双阳”，寓意向阳而生，取吉庆之意。以道教命名的节日有上元节、中元节、下元节，它们已经成为中国重要的传统节日。佛、道两教礼仪渗入节庆，给中国传统节日带来了多元化的表现，也为中国传统节日披上了一层神秘的面纱。此外，中国民间信仰十分广泛，除儒、佛、道外，还有祖先神、圣贤神、行业神、土地神等，诸如黄帝、孔子、关公、孙思邈、鲁班等，这些神格化的人物的诞生日或忌日，也常常是民间重要的节庆，后来

演化成为地方盛典，构成了中国传统节庆十分完整的礼仪庆典谱系。

中国自古以来是一个统一的多民族国家，我国少数民族众多，分布广泛，节日风俗礼仪更是千姿百态。少数民族节庆充满了浪漫的神话想象，节日更具原生态、更少约束性、更加娱乐化，如彝族的“火把节”、傣族的“泼水节”、壮族的“歌圩节”、蒙古族的“那达慕”、侗族的“花炮节”、傈僳族的“刀杆节”等。当你置身于少数民族的盛大节庆，那天籁般的歌声、多姿多彩的舞蹈，定会让你在欢乐的海洋中徜徉，流连忘返。

三、创新性、创造性是中国传统节庆礼仪的当代课题

礼仪是一个国家文明的标志，礼规更多地体现在道德伦理层面，礼俗则具有长期性和稳定性。随着中国城市化进程的日益加快，有着五千年传承的中国传统节庆礼仪，如何与时俱进，如何为奔腾向前的新时代不断赋能，成为无法回避的当代课题。

礼仪不是一成不变的，中国节庆礼仪更是如此，它在适应时代的发展中不断更新、完善。因此要坚持传承不守旧的原则。故步自封、一成不变的节庆礼仪，是不存在的，也是违背历史发展规律的。坚持传承，就是坚持延续中华文化的传统礼仪精神。但这种坚持不是盲目地把旧礼仪当教条，一定要与时俱进，强调创造性转化、创新性发展，将古老的传统节日礼仪与当今时代的新需求、新审美、新表达结合起来，创造出适合当代中国的新节日礼仪。传承礼仪的核心就是不守旧，要深入梳理中国传统节日礼仪文化，汲取传统礼仪之精华，坚持社会主义核心价值观，推动中华礼仪文化发扬光大，让古老的中华礼乐文明再现辉煌。

此外，任何创新、创造，都不是天马行空地凭空捏造，更不是崇洋媚外，膜拜西方节庆礼仪。我们提倡创造性转化、创新性发展，是要以中华文化为根本，有选择地吸收古今中外优秀的节日礼仪，重在汲取精华、剔除糟粕。坚持传承不守旧、创新不忘本的原则，是中国传统节庆礼仪与时俱进的底线。

目录

【贰】

二月迎春促耕忙

——春龙与花朝节礼仪

【叁】

三月游春饮宴多

——上巳节礼仪

【肆】

清明时节雨纷纷

——寒食节、清明节、谷雨节礼仪

【伍】

五月里来是端阳
——端午节礼仪

【陆】

六月晒书度伏天
——晒书节、忙罢节礼仪

【柒】

七月乞巧放河灯
——七夕节、中元节礼仪

【捌】

八月十五月儿圆

——中秋节礼仪

【玖】

九月九日是重阳

——重阳节礼仪

【拾】

十月冽风送寒衣

——寒衣节礼仪

【拾壹】

冬至时节一阳生
——冬至节礼仪

【拾贰】

过了腊八就是年
——腊八节、除夕节礼仪

【壹】

一元伊始新春忙

——春节、元宵节礼仪

1. 为何说春节是中国最具仪式感的节日？

春节是指中国的农历新年。俗话讲“百节年为首”，年是中国传统节日的领头羊，是中国人最隆重、最盛大的节日。

辞旧迎新是新年的主题，告别旧岁、迎接新年既是一种岁月交替，更是一种生命更新。年复一年的新年仪式，总寄寓着中国人新年伊始、万象更新的美好心愿，蕴含着中华民族对未来幸福生活的向往。因此，春节常常是一年中最具有仪式感的节日，仪式内容之丰富、时间之漫长、情感之浓烈，都达到了中国传统节日之最。

春节仪式分为“备年”、“拜年”和“闹年”三大阶段，时间长达两个月。“备年”为第一阶段：每年腊月二十三被称为“小年”，小年祭灶，自此开始进入紧张忙碌的备年阶段，扫尘、割肉、杀鸡、买年货、贴对联、贴门神、贴福字，节日仪式一个也不能少，一直要忙到除夕回家守岁、吃丰盛的年夜

大年三十 李运正 撕纸画

饭；第二阶段是“拜年”：从正月初一到初七，节日仪式是放爆竹、祭祖、拜年、发压岁钱、迎婿、走亲戚，由亲到疏、由近到远，一直到送穷、破五、迎财神、开市、人胜日；“闹年”是第三阶段：从初八开始到正月十五，也是过年最热闹的阶段，人们开始从家里走出去，耍社火、闹秧歌、舞龙舞狮、燃灯放烟火，一直闹到元宵夜火树银花不夜天，春节才在华丽绽放下依依不舍地落下帷幕。

春节不仅是中国大陆及港澳台地区十几亿人的重要节日，也影响到越南、朝鲜、韩国、新加坡等汉字文化圈的国家。目前，美国、加拿大、菲律宾、毛里求斯等近20个国家和地区，已经把中国春节定为整体或所辖部分城市的法定节假日。随着华人走出国门，春节已经走进全球近200个国家和地区。其活动时间之长、地域覆盖之广、仪式感之强、影响力之大，在全世界的节日中都是少见的。

2. 春节礼俗缘何多?

中华民族是一个讲究礼乐文明的民族，早在周朝，先贤就通过制礼作乐，形成了一整套颇为完善的礼乐制度。古代圣贤提倡道德上的礼乐教化，用以维护社会秩序上的人伦和谐。礼序乐和、相辅相成，构成了完整有序的礼仪谱系。应该说，中华文明之薪火绵延五千年，之所以生生不息，就是因为古老的中华礼仪文明精神在不断传承。

节日是中国人一年中交往最频繁的时间段，也是礼尚往来最集中的时期，尤其是最隆重、最盛大的春节，对礼仪更是讲究。长期以来，节日中的礼仪、礼规、礼节浸染于百姓生活，趋于民俗化，渐渐化为礼俗。

春节是由一个大节（年）以及一系列小节组成的，它包括祭灶、除夕、元日、财神、人胜、燃灯等。这些节中之节，每一个都有礼规的要求、礼俗的讲究。祭灶节要祭祀灶神，表达对灶神的礼敬。仪式中要给灶王爷供糖瓜，目的是让其“上天言好事，下界降吉祥”，民以食为天，老百姓过年先拜灶王爷，就是希望灶王爷能保佑新的一年硕果累累，丰收满满；除夕节讲究“阖家团圆”，家是中国人的精神核心，所以节日首先是讲究家庭、家族的团聚。同时，中国人自古就有家国一体的情怀，阖家团圆日，也是国泰民安时。

元日拜年的礼俗、礼规、礼节就更多了，拜年要如何行礼？怎么讲吉祥话？拜年的次序有什么规定？拜年要携带什么礼物？此类礼俗很多很多，都需要我们了解知晓。如今，这些过年的礼俗许多都淡化了，这不仅使礼俗所蕴含的先贤智慧被忘却，也使我们的传统节日缺失了内涵。

3. 我国有改朝换代易岁首的礼制，如今的中国农历新年是从何时算起的？

岁首是指一年的开始。我国古代改朝换代时，新立帝王最先做的事就是“改正朔、易服色”，来宣告新王朝的成立。他们以“正朔”代表“正统”，象征王朝统治的合法性和唯一性。“正”是一年的开始，“朔”是初一，“正朔”即指一年的第一天，也就是农历正月初一。

我国不同的朝代岁首也不一样，从夏、商、周，到秦、汉初，岁首一直在变化着。汉初继承的是秦历，秦朝以水为德，服色尚黑，历法以亥月（农历十月）为岁首；秦之前，周朝以火德立国，服色尚红，以子月（农历十一月）为岁首；周之前，商朝占金德得天下，服色尚白，以丑月（农历十二月）为岁首；商之前，我国第一个王朝夏朝以木德得天下，服色尚青，以寅月（农历一月）为岁首。

汉初使用从十月朔日开始的历日制度，汉武帝时，除对政治制度、典章礼仪进行调整，还命公孙卿、壶遂、司马迁等，召集全国 20 余位天文学家，其中包括邓平、唐都、落下闳等人，分工协作改历。终于在汉武帝元封七年（前 104）举行了盛大的颁历（《太初历》）典礼，将元封七年改为太初元年。从而确定了我国农历新年以夏历正月初一为岁首的习俗，并一直延续至今。

《太初历》的编制体现了我国历法划时代的进步。《太初历》是我国古代第一部比较完整的历法，第一次吸收了二十四节气作为指导农事的补充历法，使历书与农时季节更为适应。无论是天文精度，还是辅助农业生产，都领先于西方，比古罗马的《儒略历》早了 58 年。

4. 春节的称谓缘何只有一百多年？

我国实行公历纪年始于 1912 年，这要从孙中山说起。1911 年 12 月 25 日，孙中山准备到南京赴任中华民国临时大总统，他说：“从前换朝代，必改正朔、易服色，现在推倒专制政体，改建共和，与从前换朝代不同，必须学习西洋，与世界文明各国从同，改用阳历一事，即为我们革命成功第一件最重大的改革，必须办到。”为了与世界同轨，孙中山改农历为公历，正式将 1912 年 1 月 1 日确定为公历元旦，作为中华民国的岁首。

以公历元旦为新年，广大民众一时难以接受，因此仍然沿用旧历——中国农历新年。面对尴尬局面，时任中华民国大总统的袁世凯批准，为顺民意，从 1914 年开始，将农历新年改为“春节”，因为中国农历新年岁首在立春节气前后。自此，中国农历新年正式改名为“春节”，形成公历新年与农历春节并存的习俗。1949 年 9 月 27 日，中华人民共和国成立前夕，中国人民政治协商会议第一届全体会议决议，继续采取公历纪年法，将公历新年叫元旦，农历新年叫春节，一直延续至今。

因此，从 1914 年到 2023 年，“春节”这一称谓才有 109 年，而在数千年的中国历史中，中国农历新年有“元朔”“元日”“新正”“元辰”等许多名称，民间最通俗的称谓叫“过年”“过大年”，老百姓的叫法最易记住，也流行最广泛。

5.“生肖年”究竟是怎么回事？

每当新年钟声响起，中国人都会以生肖来迎接崭新的一年，十二生肖成为中国纪年最形象的表达方式。那么，生肖纪年究竟是怎么回事？又与我国的岁时节令是一种什么关系呢？

在中华民国实行公历纪年之前，我国一直采用“天干地支”纪年法。天干地支源于中国远古时代对天象的观察，它的发明影响深远，在后世被广泛用于历法、术数等领域，不仅影响了我国用了两千多年的历法，也与岁时节令有着密切的关系。

我国的岁时，由十天干与十二地支依次相配而成，组成了六十个计时序号，也称六十年一甲子。十二地支：子、丑、寅、卯、辰、巳、午、未、申、酉、戌、亥，对应人出生的不同年份，因为不方便记忆，所以古人就发明了十二生肖，用动物的形象来阐释年份。这样，每个地支就对应了不同的动物形象，分别为子—鼠、丑—牛、寅—虎、卯—兔、辰—龙、巳—蛇、午—马、未—羊、申—猴、酉—鸡、戌—狗、亥—猪。民间常常以生肖属相来计算年龄、断婚配、预测年运，进而形成了一套生肖阐释系统。

中国人每年都以生肖作为新一年的吉祥标志，并以生肖来称呼这一年，如 2023 年为癸卯兔年。十二生肖是中国人纪年的一种独特表达，生肖中也寄寓着中国人对新一年的美好期望。如虎年有“虎虎生威”“生龙活虎”“福虎生旺”等吉祥祝福。时至今日，更多人把生肖作为春节的吉祥物，成为中国农历新年娱乐化的象征。

6.“爆竹声中一岁除”是春节的鸣炮礼吗？

一元复始，万象更新，元日作为一年的初始之日，常常被古人定义为吉日。古人认为只要头开好了，万事就顺利了，所以，用“爆竹声中一岁除”来辞旧迎新，告别过去，迎接崭新的一年。

中国人选择用爆竹来作为春节的鸣炮礼，与“年”有关。传说中，“年”最早是一种可怕的猛兽，形貌恐怖、生性凶残。每到岁尾这一天，年兽都要来祸害民间，于是，原始先民为了抵御年兽的威胁，发明了燃放爆竹吓跑年兽的习俗。最早的爆竹来源于竹子燃烧发出的噼里啪啦声，正如《荆楚岁时记》所记载："正月一日……鸡鸣而起，先于庭前爆竹，以辟山臊恶鬼。"到了宋代，发明了火药，才有了今天的爆仗。从燃烧竹子的爆竹，到加入火药的爆仗，再到如今红色的鞭炮，燃放爆竹作为中国人迎接新春的吉祥开门礼一脉相承、传承至今。

早在先秦时期，"年"就在甲骨文中出现了。《说文解字》曰："年，谷熟也。"本义是指年成，也就是五谷丰登的意思，"年"表达了中华民族对嘉谷丰收的无限期盼。随着人们对大自然的不断认识，对"年兽"的恐惧日益淡化，鞭炮声变成了迎接新年吉祥喜庆的象征。燃放爆竹成为中国人春节乃至婚丧嫁娶礼仪中的重要仪式，那震撼人心的爆竹声，此起彼伏，连续不断，整个大地为之沸腾。近年来，随着城市化进程的加快，出于安全和环境保护的考虑，许多城市禁止燃放爆竹。但是，在我国广袤的农村，过年的爆竹声依然此起彼伏，回荡不绝。

7. 大年初一拜年如何行礼？

"拜"是中国古代常用的礼仪形式，该字某些金文字形左部是"手"，表示作揖；右部取象于表示人头的"页"。整字构意表示跪拜时额头和两手都要触碰地面。可见，"拜"是一种表示尊敬的礼节，拜年则是表示尊重的礼节性交往。大年初一是中国农历新年的第一天，作为礼仪之邦，新年的第一件大事就是行拜年礼，那么大年初一的拜年礼有哪些讲究呢？

一、晚辈给长辈行拜年礼，礼节分为跪拜礼和鞠躬礼。

跪拜礼是古代我国使用时间最长、最频繁的一种礼节，拜者必须屈膝跪地、叩首到地，也称叩头礼，是古代"九拜"中最重要的礼节。古代礼仪严格，规定按君臣、等级、尊卑行礼，如臣子拜见君王和祭祀先祖要行跪拜礼。辛亥革命之后，随着封建帝制的覆灭，跪拜礼渐渐退出历史舞台。如今，在我国，儿孙辈向父祖辈拜年时，也有行跪拜礼者，表示对长辈的敬重。但更多的是选择行鞠躬礼，鞠躬礼是以躬身行礼的方式，表示对长者、尊者的恭敬。

大年初一拜年　李运正　撕纸画

二、平辈之间拜年主要行拱手礼，并说吉祥祝福语。

拱手礼，也称作揖，是我国古代最常用的相见礼。行礼时，双手互握合于胸前，中国人以左为敬，所以行拱手礼时，男子右手握拳在内，左手在外，以左示人（女子则相反），表示真诚与尊敬。古代行拱手礼时，身体直立，不仰不俯。如今，平辈之间拜年行拱手礼，双手可以有节奏地晃动，并要互致问候，说吉祥祝福语，如“新年好！”“恭喜发财！”“祝您身体健康！”等。

按照我国礼俗，正月初一以父系血缘为核心行拜年礼。在农业社会，父系血缘往往是生活在一个村庄的大家族，因此有正月初一拜年不出“门”、不离“村”的礼俗。晚辈给长辈拜完年后，平辈之间见面互行拱手礼、互致祝福语就算完成拜年礼了。

8. 为何说过年祭祖礼不可少？

中国自古以孝治天下，有慎终追远、感恩先祖的传统。过年是祭祖的重要节点，在辞旧迎新之际有祭祖礼仪，一是表达对祖先的感恩之心，二是希望祖先护佑子孙后代。

祭祀是中华民族的重要礼仪，源于天地和谐共生的信仰理念，我国周代就形成了祭祀天地日月的礼制。到了汉代，家族伦理取代了自然神灵崇拜，祖先成为家族的精神核心，也成为祭祀的首要内容。东汉崔寔《四民月令》中就写道：“正月之旦，是谓正日。躬率妻孥，洁祀祖祢。”可见，从汉代开始，大年初一祭祀祖先的礼俗就已经形成了。万物有灵，祭祀列祖列宗“在天之灵”，祈求庇护和保佑，逐渐演变为中国农历新年的核心内容。

我国南北习俗差异较大，过年各地祭祖的时间、地点、仪式都不太一样。陕西西安是世界著名古都，有十三个王朝在此建都，中华传统礼仪文化积淀深厚，过年祭祖礼俗繁复。关中人除夕下午要上祖坟，请牌位，除夕晚上，要按照辈分依次向祖先牌位上香、叩拜。年夜饭饭桌上还要摆一个空碗，代表给祖先留位。大年初一天不亮，就要向祖先牌位敬一碗臊子面，然后全家祭拜。从初一到十五，一早一晚都要上香敬供。一直到正月十五晚上，再把请来的牌位送回，仪式一丝不苟，庄严神圣。

而在我国南方的浙江、广东地区，祭祖大多是正月初一白天，主要在祠堂进行。在祖先牌位前，敬奉供品，有汤圆、糕、饼、果、酒、菜等，上香、点烛、烧元宝，按照辈分依次叩拜，仪式隆重。在我国台湾，也是在除夕下午举行一场隆重的祭祖仪式，红灯高照，人们虔诚地敬香，奉上清茶、红豆等祭品，最后烧金纸、叩拜祖先。

饮水思源、不忘初心，牢记祖先恩，不忘祖先情，这就是中国人祭祖的礼敬和感恩的精神。

9. 春节缘何要穿新衣?

“春节到，穿新衣，贴窗花，放鞭炮……”这是二十世纪五六十年代流行的一首儿歌，表达了人们对过年穿上新衣服的无限渴望。

节日与服饰密不可分，在世界上，几乎每个民族的盛大节日，人们都是盛装出席。中国自古就被称为“衣冠上国，礼仪之邦”，衣冠很早就成为文明的代名词，也构成了传统礼仪的重要载体。“黄帝尧舜垂衣裳而天下治”，中华服饰文化源远流长，服章之美惊艳世界。秦汉服饰以袍为贵，大袖宽衣，古朴庄重；唐朝男子头戴幞头，圆领长袍，脚蹬马靴，女装襦裙半臂，华贵富丽；宋朝服饰崇尚清雅，讲究修身适体，颜色素淡；明朝服饰流行戴四方平定巾，高雅堂皇；清朝服饰以“褂”为盛，华美雅致。每个朝代，中国服饰都有不同的审美风尚和礼制要求，构成了不同时期的多彩风景。

一年伊始，中国人都习惯以崭新的面貌迎接新的一年，于是穿新衣就成为一种礼俗。宗懔《荆楚岁时记》记载南朝风俗，说正月初一“长幼悉正衣冠”，可见新年衣着得体也是一种礼节。如今，中国人过年应该穿什么衣服呢？复兴华服的国潮风，正在成为春节服饰选择的一种有益尝试。同时，也可以创新各种不同的节日服饰。以下三点供参考：一穿红色，中国人过年讲究喜庆，讨个吉利，穿红色、桃红色、酒红色等衣服最符合节日主题；二穿整洁，中国人过年讲究卫生，服饰整洁、干净，十分重要，这也是一种礼节和礼貌，是修养的体现；三穿得体，中国人过年是一个亲族、亲友聚集的礼仪社交场合，与平日聚会不同，服饰不能太随意，穿戴一定要符合身份，以自然得体为佳。

10. 大年初一吃什么?

中国是一个“食礼之国”，对饮食文化特别讲究，《礼记·礼运》中记载：“夫礼之初，始诸饮食。”最早出现的食礼，与远古的祭神仪式相关，因为古人最早是将最好的饮食敬献神灵与祖先的。过年是举家欢庆的时刻，节日饮食种类丰富，也极具代表性。

关于大年初一吃什么，先说说汉代。汉代有岁首“食菟髌”的特殊食俗。“髌”是膝盖骨，“菟髌”也就是兔子的膝盖骨。为何说岁首吃到兔子的膝盖骨是一种好兆头呢？因为古代有一种刑法叫髌刑，即剔除犯人的膝盖骨，如孙膑就是受了髌刑。古人认为，岁首能够吃到菟髌，就意味着新一年会免受髌刑，让人的膝关节不受损害，能给人带来幸运。

魏晋南北朝时，我国有元日吃“五辛盘”的食俗，如《荆楚岁时记》载：“正月一日……进屠苏酒、胶牙饧，下五辛盘。”“五辛盘”又称春盘，是以春饼裹五种辛嫩之菜杂合食之，“五辛”又称“五荤”，道家以韭、薤、蒜、芸苔、胡荽为五辛；佛家以大蒜、小蒜、兴渠、慈葱、茖葱为五辛……可见五辛为五种“发五脏之气”的蔬菜。元日吃“五辛盘”，不仅是取迎新（辛）之意，还可以“辟厉气、开五脏、去伏热”。这一食礼一直传到唐、宋、金、元时期。

如今，大年初一北方喜欢吃饺子、面条、甜食等。大年初一吃饺子是为了一年交好运，吃面寓意长长久久，吃甜食表示新的一年生活甜蜜如意。南方则喜欢吃年糕、万年粮、汤圆、鸡汤等，年糕谐音“年高”，黄年糕、白年糕象征黄金白银，大年初一吃年糕寄寓新年发财；新年第一餐吃万年粮寓意“不愁吃喝”；吃汤圆则寓意全家团圆、事事如意；喝鸡汤象征“平安”，吃鸡爪代表“新年抓财”，等等。总之，大年初一的这些食礼都寄托着中国人对新一年的美好期待。

我国地域广阔，大年初一各地食俗也千差万别。在北京，初一一大早吃素饺子，接着天天吃隔年饭，一直到初五，意思是希望日子好过，总有吃不完的饭；在上海，初一待客必请喝“元宝茶”，在茶内放上一枚青果，用金漆盘装果品献客，口中说“恭喜多如意”；在安徽，初一早上吃一片片的甜糯米糕，寓意年年高，一年更比一年好；在广东，初一用红盘盛满大吉（柑）、青橄榄及各式精美糖果，寓意吉祥如意、甜甜蜜蜜；在陕西，初一早上吃饺子或臊子面，饺子中包上硬币，谁吃到了它，谁在新的一年有好运。

11. 古代元日缘何喝“椒柏酒”和“屠苏酒”？

古人过年饮酒与平日有别，新岁所饮之酒往往有吉祥保健的寓意。据《荆楚岁时记》所载：“正月一日……以次拜贺。进椒柏酒，饮桃汤，进屠苏酒、胶牙饧。”元日喝“椒柏酒”，是汉代的酒礼，通过药酒的芳香，驱邪辟恶、延年益寿。我国南北朝诗人庾信《正旦蒙赵王赉酒》就有“正旦辟恶酒，新年长命杯”之说。椒柏酒是新年的长命酒，主要用于祭祖和向家族尊长祝寿。

椒柏酒中的“椒”指花椒，花椒原产于我国秦岭山脉海拔 1000 米以下地区，后沿江河分布于我国各地。花椒气味芳香，被誉为“玉衡星精”，服之能够耐老；椒柏酒的“柏”是指柏叶，被誉为“仙药”，可免百病。庾信诗中写道：“柏叶随铭至，椒花逐颂来。”可见，椒柏酒在古代很受欢迎。

除了椒柏酒，元日也很流行喝屠苏酒。宋代诗人王安石《元日》中有：

“爆竹声中一岁除，春风送暖入屠苏。”屠苏酒也是一种药酒，可以益气温阳、祛风散寒。屠苏原为房屋之名，古人曾在此制酒，可以视作“屠苏酒肆”“屠苏酒厂”，造酒人没有被记住，地方却被记住了。屠苏酒中有大黄、白术、花椒、乌头等中药材。宋代以后，屠苏酒代替了椒柏酒，成为元日最流行的岁酒。

元日喝椒柏酒、屠苏酒的礼仪很讲究，《初学记》载《四民月令》云，正月“进酒次第，当从小起，以年小者起先”。作为有着悠久的饮酒文化的文明古国，先敬长者是最基本的礼数，但是春节饮屠苏酒，却要“先敬小，后敬老”。因为在古人眼里，年终岁尾，小孩子长了一岁，值得庆贺。老人则少了一岁，有岁暮之感。如今，人们则以乐观的心态面对人生，天增岁月人增寿，共同举杯庆贺新年的到来。

12. 古代的拜年帖究竟为何物?

我国古代拜年，必须要亲往。亲自登门拜年，主客举酒相祝，庆贺往返，可谓是一年中最欢聚难忘的乐事。可是，随着社会交往圈的不断扩大，节期有限，拜年对象增多，以致无法亲往，于是到了宋代就产生了“拜年帖”，上层社会开始以“名帖互投”的形式进行拜年。

“拜年帖”有些像今天的“贺年卡”，起源于唐代。唐代科举制鼎盛，各地学子进京赶考，要投到长安城某个名师的门下，需要“门帖”，也就是推荐信，才能打着老师的旗号去考试。经过名师的指点，如果中榜，学子需要登门拜谢，于是“拜帖”应运而生。而春节表达心意的“门帖”，无疑就是“拜年帖”了。到了宋代，重文轻武，武将也得按照文人的规矩来写帖子，逢年过节需要走动的人太多，于是默许士大夫以仆人持“名刺”（拜年帖）代往拜年，形成了“名帖互投”的拜年形式。明清时期，拜年帖流行更为广泛，有“名刺”“门刺”“名谒”“红单”“飞帖”等多种叫法，制作包装日益精美，不仅有单页，还有合页、连页等不同形制，有的拜年帖还用红绫制成，上面撒赤金形成文字，有的甚至用织锦做材料，将吉祥话预先织成。到了清代，拜年帖不仅要署名，还要盖印，而且用名贵木料雕刻成盛放拜年帖的拜匣，可见古人在拜年帖上是下了一番功夫的。

“名帖互投”这种飞帖拜年的形式，后来也演化为一种严重的虚礼，与礼仪之敬的精神有所背离，明代诗人文徵明《拜年》一诗就写道：“不求见面惟通谒，名纸朝来满敝庐。我亦随人投数纸，世情嫌简不嫌虚。”正是对这种拜年形式提出的异议。

当然，随着我国社会的进步，拜年的新形式层出不穷，陆续出现了电报拜年、电话拜年、短信拜年、微信拜年等形式，新科技使传统的拜年礼更加新颖多样。

13.“元日大朝会”都有哪些仪式？

“元日大朝会”是我国古代最重要的皇家礼仪制度，是一年中王公、大臣和外使向皇帝行庆贺礼规模最大、礼仪最隆重的一次朝会，故称“大朝贺”“大朝会”。

汉代为了彰显“皇帝”之尊贵，创立了“元日大朝会”的礼仪制度。汉初，刘邦与大臣们不懂朝仪，遂命秦朝旧吏叔孙通参酌秦法制定汉朝朝会的礼仪制度，地点初选在长乐宫，后改为未央宫。汉高祖七年，长乐宫建成时在此举行隆重的“大朝会”，文武百官分列东西两边站立，皇帝在一片钟鼓礼乐声中，由内侍簇拥着乘舆临朝，百官自诸侯王以下至六百石官吏以次奉贺。见到这种庄严盛大的礼仪，百官莫不震恐肃敬。《后汉书·礼仪中》载“每岁首正月，为大朝受贺”“百官受赐宴飨，大作乐”，汉武帝时易正朔，以正月为岁首，自此形成了元日朝会的制度典范，促成了治礼与庆贺并行。

“元日大朝会”到了唐代达到鼎盛，成为通过贡物和朝觐规范中央与地方、宗主国与藩属国之间关系的最高礼仪。每逢元日，皇帝亲临，皇太子、文武百官、地方朝使、藩属国朝使齐聚，一起向皇帝贺岁并献朝贡。唐代的“元日大朝会”仪式隆重，气势恢宏。“九天阊阖开宫殿，万国衣冠拜冕旒”，这是唐代诗人王维对长安城朝贺仪仗的生动描写。唐神武军威风凛凛，皇家銮驾缓缓而出，唐皇帝、皇后先后入场。文武百官按照官职高低依次排列，外国使臣按照唐皇帝封赐等级依次入列。仪式包括皇帝元日诏书、赐椒柏酒、朝贡等仪程，朝会规模盛大，人数达万人。宋代以后，各王朝仍仿效前朝行“大朝会”之礼。

元日大朝会这种盛大典礼，是沟通君臣、朝廷与外臣的良机，为后世的团拜礼仪传统奠定了基础。

14. 为何古代过年忌讳出嫁女子初一回门?

在封建男权社会中，实行的是家长制。家中以父系血缘为核心，男性在家中有至高的权力。《礼记·坊记》中记载：“家无二主，尊无二上。”同时，封建社会崇尚男尊女卑，视嫁出去的女儿如泼出去的水。在以父系为核心的家长制观念里，女儿一旦嫁出去就成了“婆家人”，一切都要以婆家为本，一辈子相夫教子，也就成了“外人”。大年初一，既然是以父系血脉为核心的家庭聚会，那些出嫁的女子是不允许回门的。

按照古老的民间礼俗，除夕、初一，老祖宗要被请到家中享受供奉，不能见到外人，出嫁的女子属于别人家的媳妇，断不能回门。为此甚至编造出出嫁的女儿初一回门，会把娘家吃穷的说法，实际上，这都是为了维护封建家长制的伦常。在父权、男权至上的封建社会，出嫁的女子一切都要以夫姓家长为核心（在相当长的时间里，女性被冠以丈夫的姓氏，名字都很少被人提起）。尤其是在过年这种家族团聚的重要时刻，女性都要忙于夫家的大事小事。如果这时往娘家跑，则会破坏夫姓家长制的规矩，造成婆家与娘家之间的矛盾。因此，民间形成出嫁女子初一不能回门的礼俗，以此来维护封建家庭伦理的稳定性。

当然，在如今开放的中国，封建社会中落后的礼俗已被剔除，出嫁女子初一回门已是常事。

15. 拜年的顺序有何讲究？

我国有“初一不出门，初二拜家门，初三初四往前行”的民间歌谣，这反映了拜年走亲戚的顺序是有礼规讲究的。对于中国人来说，拜年走亲戚并不是随意的，而是严格按照关系的亲疏远近进行的。《四民月令》载：“谒贺君、师、故将、宗人、父兄、父友、友、亲、乡党耆老。”拜年要按照确定的秩序，千万不可任性妄为，否则就违背了礼制。

现在拜年一般要按照血缘亲疏、长幼尊卑的顺序，先拜血缘亲近的直系亲属，如父系血缘的伯叔婶姑、母系血缘的舅姨；再拜远亲、师长、朋友。远亲是指表亲，有恩义故旧的亲戚，平常走动少，过年拜访，联络一下感情。师长也是十分重要的，古人有“一日为师，终身为父”的说法，视师如父，过年给老师拜年，不忘教诲，感念师恩。

走亲戚拜年最好提前打个招呼，要给主人留准备的时间，以防措手不及造成尴尬。拜年不宜去得过早，以免主人家未准备好造成不礼貌；停留的时间也不宜过长，除非约好吃年饭，一般问候一番就离开；但也不宜太短，不能放下礼物就走，有应付之嫌。见面多讲吉祥话，谈论轻松的话题，以免影响喜庆的气氛。

16. 为何大年初二为“迎婿日”？

初二、初三走亲戚　李运正　撕纸画

大年初二为出嫁的女儿设立了一个专属接待日——迎婿日。因为这一天，出嫁的女儿要带着女婿一起回娘家，所以也叫“子婿日”，俗称“回娘家”。为了表达对女儿、女婿、外孙的重视，娘家父母要以丰盛的佳肴和隆重的仪式迎接。

在我国有这样的民谣：“有父有母初二三，无父无母空担担。”意思是说出嫁的女儿，有父母的在大年初二、初三就被娘家接回去了，失去父母的就像空空的担子无人迎接。古时，回娘家有一个迎请的仪程，富裕的家庭在大年初二一大早就派人去接出嫁的女儿。后来简化了，变成了女儿女婿主动上门。对于女婿，中国人有“一个女婿半个儿”之说，也就是女儿是血缘亲，外孙则有半个血缘关系，女婿虽没有血缘关系，但由于外孙的血缘关系而产生了旁系血亲。“半个儿”，十分形象地描述了女婿的重要性。

大年初二是新年的第二天，也是家家迎婿的热闹日子。北方人有“初一的饺子，初二的面”之说，按照礼俗，初二中午要准备招待女儿女婿的宴席，初二晚上女儿女婿必须返回，是不能在娘家住的。所以，中午这顿饭十分重要，自然要有菜、有肉、有酒，要充分表达娘家人对女婿一家的热情。“迎婿日”是中国家族血缘的“黏合剂”，这个一年中的特殊日子，对中国人加强血脉亲情联系有着十分重要的意义。

17. 过年回娘家要带什么礼物?

中国人讲究礼尚往来，认为“往而不来，非礼也；来而不往，亦非礼也”。在“迎婿日”，女婿作为重要嘉宾要恪守礼法。其中，为岳父岳母准备年礼尤为重要。那么，究竟准备什么礼物合适呢?

礼尚往来的“礼”，是礼品、礼物，更是礼节、礼貌，送礼是为了联络关系、增进感情，更要体现真诚。过年的礼品一定要体现出女儿女婿的心意和诚意，要有一定的分量，表达女婿对岳父一家的尊重。同时，按照礼俗，礼品必须是双数，单数是不吉利的。昔日新女婿回门礼为“四样礼”：烟、酒、糖、茶。过年女婿上门，一般也按照“四样礼”的标准准备。当然，礼品的选择也要根据具体情况而定，不宜有炫富、攀比的心理。

有首家喻户晓的歌曲叫《回娘家》，唱的是“左手一只鸡，右手一只鸭，身上还背着一个胖娃娃呀。”在我国北方的陕西、山西一带，昔日过年礼送的是花馍、面花，也称“礼馍”。北方以面食为主，盛产小麦，在昔日贫穷的岁月里，走亲戚送花馍可以说是最高礼节了。过年的花馍分为两种：一种是敬神的，不能送人；另一种是馈赠亲友的，多为“枣花馍”“馄饨馍”，象征添福增寿。还有的做成“莲花馍”“鱼儿馍”，表示连年有余。大馍是回娘家携带的大礼，看起来像蜗牛的壳，里面有用菜油、葱花等拌的馅儿，美味可口，与娘家人一起分享，也显示女儿的用心。小馍则是走亲戚用的，有馄饨馍、元宝馍，馄饨馍寓意团圆，元宝馍寓意发财。

中国人还有回礼的习俗，送礼馍的数量少则 6 个，多则 20 个。女儿送来的花馍，走时娘家必须返回几个作为回礼。如今礼馍逐渐被烟、酒、茶、糕点、水果等时尚礼品所替代，礼品的选择更加多元丰富。

18. 大年初三缘何为“赤口日”？

中国人非常讲究劳逸结合，有“初一早、初二早，初三睡到饱”之说。因为大年初一小孩子们穿新衣、放鞭炮，兴奋得早早就起床了。大人们除夕夜守岁，初一大清早又要祭祖、拜年，更是忙得不可开交。大年初二也要早起，女儿女婿一家要回娘家，路途劳顿。同时，娘家父母为了迎接女儿女婿一家，一大早就要起来准备饭菜，也要忙个不停。这样忙碌的日子，到了大年初三终于告一段落，不用再起早了，可以“睡到饱”。所以，大年初三也叫“小年朝”。

为了适应这种过节的节律，民间发明了初三是“赤口日”的说法，认为初三容易与人发生口角，讲究这一天“不宜出门”。从情绪角度来说，人一旦忙碌过度，情绪就会不好，火气会比较大，容易与人发生口角冲突。过年是一个既兴奋又忙碌的特殊时间段，从年前的忙年，到除夕守岁、初一初二早起，初三已经到了身体的极限。所以，古人为了调节人的心情，认为这一天一定要休息放松一下，才好继续进行下一步的拜年和闹年。古人发明初三为“赤口日”，就是以禁忌的方式来调节平衡过年的节律。

为了避免“赤口”，民间还发明了化解的方法，那就是“贴赤口”。用一张长约七八寸、宽一寸的红纸条，写上平安吉利的话，分别贴在前门的门顶上，或放在垃圾上倒掉。这一天还有烧门神的习俗，焚化门神纸预示着过年的第一个高潮也快结束了。

19. 走亲戚拜年时间上有哪些讲究?

拜年走亲戚在日子和时辰上有哪些讲究呢?

首先是日子的选择。从礼俗上讲，中国人正式拜年是在初一至初七，这是拜年的黄金时间，我国如今的法定节假日也是按照春节的拜年习俗而设定的。老百姓也基本上是遵循此礼俗，依次走亲戚的。初一是本家、本村父系亲属拜年，初二是出嫁的女儿回娘家拜年，初三之后，开始亲戚拜年、朋友拜年、师生拜年。中国年以家庭、家族、血脉、乡情为核心，通过拜年走动，凝聚起家族血脉和师生同乡的感情。如果春节假期不能正常回家拜年走亲戚，也可以在除夕前提早拜年，叫“拜个早年”；初八到十五，也可以拜年，那就叫“拜个晚年”了。

其次是时辰的选择。拜年走亲戚，大多数家庭都有相对固定的日子，一般约定俗成选择中午之前到达，没有严格的时辰限制。不过，对于不常走动的亲戚和朋友，一定要事先打个电话告知，让对方有个准备，防止“撞车”现象。一般来说，拜年不宜去得太早，因为过年期间大家都比较忙碌，一大早去拜年，主人可能没有准备，会比较尴尬。上午 10 点左右，拜年比较合适。拜年在主人家停留的时间要合适，一般一个小时左右，除非约定好吃饭。

20. 为何过年忌讳说不吉利的话?

世界各国的节日都有一些禁忌，我国的春节也不例外。禁忌就是“犯忌讳的话或行动”，它属于民间信仰，也是民间礼规，一定要重视。只有了解各国各民族的禁忌，尊重各国各民族的礼俗，才能更好地融入和享受这些节日带来的快乐。

语言禁忌是节日禁忌的重要部分，语言禁忌包括说不友好、不客气、不尊重、不耐烦的语言。春节是中国人最盛大的节日，也是一个趋吉避凶、欢乐喜庆的佳节，在这个一年的开端，中国人对语言的禁忌尤为讲究。他们更希望听一些祝福语、吉祥话，诸如一帆风顺、五谷丰登、六畜兴旺、国泰民安、万家团圆、身康体健等。在正月里，人们忌讳说带“死、输、光”等字眼的话，担心给全年带来灾祸，造成心理不适。

春节拜年期间，无论是吃团圆饭，还是走亲访友都要讲吉祥话，多说祝福，尽量不要讨论让人不开心的话题，忌讳说对方的伤心事，忌讳唉声叹气，以免影响过年的气氛。尊重节日的文化心理和文化表达，也是一个人最基本的礼仪素养，“良言一句三冬暖，恶语伤人六月寒”，刻薄言语对别人的伤害，即使在六月的大暑天，也会让人感到寒冷，可见注意语言禁忌是何等的重要。

21. 为何过年打碎碗碟要说“碎碎平安”?

过年不仅有语言禁忌，更有行为禁忌，如忌讳打破杯子碗碟。

碗是生活中的重要物件。它既是吃饭的器皿，同时也极具象征性，代表人生的饭碗、事业的发展和家庭的前程。中国人常把职业当“饭碗”，所以，过年打碎碗碟常被视为一件不吉利的事情，意味着把工作和事业弄丢了。那么如果不小心打碎碗碟，有没有办法化解呢？首先是从心理上战胜自己，可以说“碎碎（岁岁）平安”之类的吉祥话，来破解心理上的不安感。同时，打碎的碗碟，切记不要用手直接去清理，以免割破手。可以找一块红布或一张红纸，将打碎的碗碟包起来扔掉，红色是吉祥色，有驱邪迎祥的作用。以旧的不去、新的不来为吉兆，化凶为吉，吐故纳新，除去晦气，预示着新财源、新机会的到来。

这种破解之法，体现了中国古人的智慧。中国人常说“祸兮福所倚，福兮祸所伏”，认为福祸相互依存、相互转化，这启示人们在顺境中要谦虚谨慎、戒骄戒躁，在逆境中要百折不挠、勤奋刻苦，变逆境为顺境。

22. 过年待客应有哪些礼节?

过年期间中国人礼尚往来最频繁，迎来送往时既要讲究拜年礼仪，也要注意待客礼仪，一些待人接物的规矩不可不知。

首先是迎送礼仪。但凡能够来家里拜年的客人，不是至亲，就是好友。因此对来客不仅要热情，更要守礼，不能像平时那么随意。“来有迎声，送客要出门”，长辈来拜年时，一定要主动到门外迎接，让客人有受尊重的感觉，客人走的时候，一定要主动送到家门外或电梯门口，表达对客人的依依不舍。过年有时会有领导同事来拜年慰问，也要表现得有礼貌、有礼节，体现家庭成员的礼仪教养。客人在时切不可做扫地、泼水之事。

其次是说话礼仪、接受礼品和红包礼仪。见面称呼不能少，见到客人先喊称呼再说“过年好”。主动让孩子称呼长辈，并多说祝福的话，吉祥的祝福语从可爱的小朋友口中说出来，一定会使长辈乐开花。一般客人进门时，会提着礼物，这时应该主动接过礼品并表示感谢。客人如果给孩子发红包，孩子们要双手接过并向长辈鞠躬，表达感谢，孩子太小的话，家长可以代领并说“谢谢”。红包不要当面拆开，要等客人走后再打开。

最后是餐桌礼仪。亲朋好友拜年都是提前约定好的，因此用餐人数是提前知晓的。先到的客人，要安排好茶点。开宴时，座次按照长者、尊者为上座依次坐下，但也有宽松之处，如长辈为了照顾幼小的孙辈可就近落座。尽管如此，餐桌上不可目无尊长、不可讲不吉利的话、不可乱翻菜等，夹菜要用公筷，敬酒不劝酒，营造欢乐的气氛。

23. 大年初四缘何要“迎财神”？

年到初五将要过完了，民间认为，初五是财神的生日，这一天停业的商市纷纷开业，是盛大的开市日。商人希望生意兴隆、财源广进，为了新的一年生意有个好彩头，他们热衷于开市前一天——初四子夜早早地迎财神。另外，初四是“羊日”，中国人有“三阳（羊）开泰”之说，初四这一天为大吉大利之日，所以这一天迎财神更加吉利。

迎财神的习俗起源于唐宋，盛于明清。财神出现比较晚，唐代有王元宝这样的民间财神爷，但真正作为民间司职的财神形象则诞生在宋代，这与宋代商业发达、瓦肆勾栏遍地、新兴市民阶层的心理需求有关。我国文财神有不偏不倚的比干，有善于理财的范蠡。武财神有赵公明，他手持钢鞭，铁面无私，专司人间财富，又被称为华夏正财神；还有关羽，他义薄云天，一身正气，深受老百姓喜爱。我国财神形象众多，都是商业经济发展日趋活跃的产物，明代后期商品经济崛起，新兴的商人阶层期望得到财神护佑，财神在民间的地位也越来越高。

于是，广大商家为了争利市，让财神担当代言人，发明了大年初四子夜“抢路头”的习俗，谁想发大财，就要提前在初四子夜等着抢财神。事实上，迎财神是商家逐利的结果。当然，这也迎合了广大民众发家致富的心理，于是民众便跟随商家一道迎接财神，以期护佑自己新的一年能够财源滚滚。至于迎接的是哪一位财神，民间并不讲究，毕竟财神都是护佑财气的嘛！

迎财神都要准备哪些供品呢？老上海要备祭祀的三牲（牛、羊、猪）、糕果、鲜花、茶、香烛等，也有供羊头和鲤鱼的，羊头取意“吉祥”，鲤鱼取意“年年有余”。水果有五色水果，寓意五路财神。我国南方“抢路头”比较隆重，清代诗人蔡云《吴歈》诗中写道：“五日财源五日求，一年心愿一时酬。提防别处迎神早，隔夜匆匆抢路头。”描写的就是南方“抢路头”的盛况。抢路头，有“东西南北中”之分，为此有“五路财神”之说。这五路财神分别是“东路财神”招宝天尊萧升、“西路财神”纳珍天尊曹宝、“南路财神”招财使者陈九公、“北路财神”利市仙官姚少司、“中路正财神”赵公明，五个财神承载着百姓对美好生活的期盼。

24. 大年初五缘何要“破五”？

大年初五是开市日，也是送年的“破五日”。这里“破五”中的“破”，是指破除“禁忌”的意思，就是说从除夕到初四的各种过年的禁忌，比如不能动针、吃药、倒垃圾……到了初五这一天，都开始破除了，人们开始逐步恢复正常的生活秩序。

“破五”这一天最重要的习俗，就是清除垃圾。初五这一天，可以将家中的垃圾彻彻底底清除出门，也叫“送穷土”。按照民间习俗，“破五”这一天要送“穷神”，把“智穷、学穷、文穷、命穷、交穷”五穷通通送走，迎接富裕美好的新生活。

初五这一天要吃饺子。北方有的地方把饺子叫“香饽饽”，酷似“元宝”。说起“元宝”，不能不提起唐代长安城的首富王元宝。王元宝是唐玄宗时期的商人，原名王二狗，靠贩卖琉璃发家，富可敌国。唐代李亢的笔记小说《独异志》中有这样一个故事：有一次唐玄宗召见王元宝，问他家财多少。王元宝说："臣请以一缣系陛下南山一树。南山树尽，臣缣未穷。""缣"，就是绢布，也是当时可流通的货币。王元宝的意思是："我的财富就像终南山树上挂的绢布，树都缠绕完了，我的绢布还没有用完。"这种任性的富裕，连唐玄宗也感慨，王元宝才是天下最富有的人啊！当时长安城流传的民谣就唱道："正月初五上炷香，一年四季财源广。正月初五摸元宝，大钱小钱用不了。"如今"元宝"之说，与王元宝脱不了关系。

25. "穷神"是谁，为何初五要"送穷"？

大年初五，我国有"送穷"的习俗。初四迎财神，初五送穷，一迎一送表达了百姓对"穷富"的态度。选择大年初五"送穷"是有寓意的，因为"五"与"无"谐音，"五穷"含有"无穷"的意思。

老百姓如果生活贫困，常常认为是被"穷神"缠身。那么，"穷神"究竟是谁呢？在我国，传说中的"穷神"之一是姜子牙的老婆马氏，马氏整日埋怨姜子牙，导致姜子牙大半生"件件生意，俱做不得"，后来马氏甩弃姜子牙嫁给了一个屠夫。自马氏走后，姜子牙青云直上，建功立业，辅佐周武王打败了商纣王。后来姜子牙封神时，就给马氏封了个"穷神"。民间还有一个"穷神"，大家都叫他"穷子"，他是正月初五死的，因为忌讳说死，所以统一口径"今日送穷子"。

严格来讲，老百姓的"穷命"与"穷神"无关，他们的贫穷是多重因素造成的，与"智穷、学穷、文穷、命穷、交穷"五穷有关。"智穷""学穷""文穷"，是不受教育、没有知识、没有才能造成的结果。"交穷"强调了人际关系的重要性，民谚有"一个好汉三个帮"之说，就是强调人际交往的重要性。中华民族长期以农为本，民以食为天，“穷”成了老百姓避之不及的东西。

民间“送穷”会剪个小人（代表穷神）扔到垃圾里倒掉，还有的人这一天要饱食，俗称“填坑”。初五、初六都可以“送穷”，初六是“马日”，也是六畜中“鸡、狗、猪、羊、牛、马”的最后一个生日。民间有马到成功之说，万户千门看，无人不送穷。

26. 大年初七缘何叫“人日”？

按照古人的说法，人日这一天是人类的生日，传说创世始母——女娲初创世时，先造出了鸡、狗、猪、羊、牛、马等动物，于第七天造出了人。所以，初七也叫“人庆节”“人胜节”“人日节”。

元日—人日—元宵节，是中国农历新年的三大重要节点。古人相信天人感应，对“七日”造人这件惊天地泣鬼神的壮举，非常重视。自汉朝开始，“人日”就成了盛大的庆典日，形成了大摆宴席、戴人胜、赠花胜、吃七宝羹、捞鱼生、称体重、出游登高等节日习俗，十分热闹。这里的“人胜”“花胜”是一种头饰，是女性用彩纸、丝帛、金银等材料制成的小人形状的装饰品，“人日”时作为一种节日标志物戴在头上。

“人日”登高的习俗起源很早，老子《道德经》中“众人熙熙，如享太牢，如春登台”，描写的就是古人人日登高望远的盛况。唐代时“人日”已经成为盛大节日，皇帝要在宫廷大宴群臣，并赐群臣“彩胜”，热闹非凡。唐代诗人高适在《人日寄杜二拾遗》中写道：“今年人日空相忆，明年人日知何处？”可以想象，在遥远的唐代，人日那热闹欢庆的场面，令诗人高适久久难以忘怀。

27.“人胜节”为何要吃“七宝羹”？

大年初七是“人胜节”，有丰富的食俗，其中最有代表性的就是吃“七宝羹”。

羹，原本是指以羊肉做成的带汁的食品，后指带汁的食物或浓稠的汤。“七宝羹”是我国南方大年初七必吃的美食，也叫“人日菜”“盆菜”。它是由七种新鲜的节令蔬菜加米粉做成的，包括芹菜、大蒜、大葱、芥菜、芫荽、韭菜、生菜等，都是春季节令的新鲜蔬菜。这七种蔬菜不仅是时令菜，还是吉祥菜，比如：芹菜寓意“勤劳”、大蒜寓意“精打细算”、大葱寓意“聪明”、“芥菜”寓意“明目”、芫荽寓意“缘分”、韭菜寓意“长长久久”、生菜寓意“生生不息”等。用这七种菜制作成羹，则寓意新的一年风调雨顺、出入平安、丰衣足食，可谓是彩头好又健康美味的节日佳肴。

我国地域广大，对“七宝羹”也有不同的叫法与做法。比如，客家人叫“七样菜”，福建宁化叫“七样羹”，海南叫“全家福”。在菜的品种上，有的是蒜、芹、葱、韭、鱼、肉、米果，有的是蒜、芹、葱、韭、肉丸、芫荽、芥。

南方初七还有“捞鱼生”的食俗，食材主要是生鱼片，把鱼、肉、菜切成丝，再用白芝麻、花生碎、五香粉、胡椒粉等佐料调拌。吃的时候，也要有仪式感，预先准备一个大圆盘，一声号令大家一齐用筷子“捞生”，将鱼片菜丝高高捞起，边捞边说“捞喜，捞喜，捞到风生水起”，寓意万事如意、步步高升。

28.元宵节缘何要体现一个“闹”字?

民间闹年通常从正月初八开始，正月十五达到高潮，也有一些地方闹得

正月十五闹元宵　李运正　撕纸画

比较早，初五左右就开始了。闹得厉害的地方，一直要闹到正月底。在我国春节，为什么“闹社火”“闹秧歌”“闹元宵”都体现了一个“闹”字呢？

“闹”在汉语中有两种含义：一是指热闹，“闹”字中间有个“市”字，“市”就是交换货物的地方，是集市，也称闹市。二是指宣泄，情感压抑不平就要闹一闹，宣泄一下。“闹年”的含义，既有热闹的意思，也有宣泄的表达。节日很大一个功能就是娱乐，如果不热闹、不宣泄、不欢乐，就不符合节日的属性了。

春节作为中国人最盛大的节日，仅体现礼尚往来、亲情交集还不行，还要体现全民老少的群体欢乐。纵观春节，会发现这是一个由内而外，由家庭、家族逐渐延伸到乡社镇街的盛大过程，在节日的最后汇聚成社火大巡游、全民观灯、情感大宣泄的元宵狂欢节。对中国人来说，如果过年不闹一下，情感没宣泄好，年仿佛就没有过好。对于在严寒中蛰伏了一个冬天的人们来说，太需要闹一闹了，闹能将一冬的晦气丢掉，闹能让人的精气神再次焕发，闹能祈福未来的日子红红火火。

古代称夜为“宵”，指入夜八九点钟以后的时辰。正月也称“元”月，正月十五是一年中第一个月圆之夜，所以称元宵节。从岁时节令来看，“闹元宵”“闹秧歌”“闹社火”等，是中国人辞旧迎新、祈福趋吉的习俗。从健康角度来看，通过正月里的这一“闹”，可以将身体中的负面情绪发泄出去，彻底清除窝藏在身体中一冬天的浊气，让人们以崭新的精神状态，迎接新春的到来。

29. 为何元宵节也叫“灯节”？

灯是光明与吉祥的象征，有光明的地方，就有温暖、希望、未来。燃灯、赏灯、游灯，一直伴随着元宵节，故称其为“灯节”恰当无比。

元宵节燃灯，最早源于汉武帝正月十五燃灯祭太乙神，明代郎瑛《七修类稿》载：“上元张灯，诸书以为沿汉祀太乙，自昏至明，今其遗事。”太乙神也称天神，道教中演化为天官大帝。而正月十五是天官大帝的生日，自然要张灯庆祝了。从出土的西汉长信宫灯来看，宫灯造型极为别致：一个汉代侍女手持宫灯，空着的右臂与衣袖形成了铜灯灯罩，可以自由开合。在汉代，灯分为两种，一为油灯，一为烛灯。油灯就是灯碗或灯盘里面放上油或油脂，通过灯芯点燃。烛灯是在圆盘的中央设有一个长钉形的灯柱，把蜡置于灯柱上，即可点燃使用。到东汉时期，佛教传入，供灯一直是佛教的教义，汉明帝宣扬佛教，敕令正月十五燃灯礼佛，并亲自到寺院张灯。此后，民间正月十五张灯蔚然成风。

隋代称正月十五为“元夜”“元夕”，盛行燃灯。唐代将正月十五称“上元节”，为庆佳节，赏灯三天，并取消宵禁，与民同乐，届时长安城灯火璀璨，昼夜狂欢。宋代将正月十五叫“灯夕”，灯会从三天扩大为五天，成为狂欢节。到了明代，秦淮河放灯一次就有一万多只，灯节从正月初八开始，一直要延续到正月十八，整整十天。清代灯节只有三天，但民间燃灯习俗却依然盛行，南方的水上灯会更是热闹非凡。

30. 唐代上元灯节为何要取消“宵禁”？

唐代国力强盛、开放包容，开元时期被称为“大唐盛世”。开元年间，唐玄宗为了与民同乐，每年的正月十五都要举行盛大的上元灯节。《唐会要》记载：“燃灯百千炬，三日三夜。”节日期间所有百姓都可自由出入长安城观灯，灯光绽放，璀璨无比，上元节成为唐代全民欢庆的盛大节日。

按照唐代的法规，长安城平日里严格执行宵禁制度。所谓宵禁就是禁止夜间活动。唐代《宫卫令》规定，每天晚上衙门擂响六百下门鼓闭城。凡是闭门鼓后、开门鼓前在城里大街上无故行走的，则触犯了“犯夜”罪名，要笞打二十下。特殊情况（婚丧吉凶等）经同意后可以行走，但不得出城。街鼓一响，城里的百姓也必须回到自己的“坊”内，不得外出，否则会被官府抓住问罪严办。

唐代长安城一年中唯有上元节取消宵禁，放夜三日，“敕许金吾弛禁，前后各一日以看灯”。到了开元时期，“玄宗正月十五前后二夜，金吾弛禁，开市燃灯，永为式”。正月十四、十五、十六三天取消宵禁，君民一起欢庆同乐。上元节燃灯兴盛，不仅有花灯，还有灯树、灯轮，灯明如昼，士女无不夜游，车马塞路。唐代的灯有几分“高科技”的成分，安福门外的大灯轮，高达二十丈，灯轮悬挂五万盏灯，美轮美奂，似一座摩天轮。韩国夫人的“百枝灯树”，高达八十尺，百里之外都能看见，光彩夺目。火树银花不夜天，唐代长安城成了名副其实的不夜城。除长安外，洛阳、扬州、益州、江陵的上元灯节也热闹非凡。

在唐代，上元节不仅张灯、观灯，还有盛大的歌舞百戏表演，十分壮观。其中，傩舞、踏歌最为突出。

31.“送灯”缘何也叫“送丁”？

“灯”最早在篆书中写作“镫”，指置烛的器皿，也指盛熟食的器皿。后在隶书中改为“燈”，指照明工具。“丁”则是象形字，本义指“钉”，由金属引申为“壮健”之意，如古代把壮健的男子叫“壮丁”，后引申为“人口”之意，如添丁，或表示一些从事专门职业的人，如园丁、庖丁等。由以上的释义，“燈”与“丁”最初并没有关系。那么，缘何“送灯”就成了“送丁”呢？

有人说，“灯”这个字右边不就是带个“丁”字吗？“灯”作为“燈”的简化字，时间并不长。很显然，从字形上说，“送燈就是送丁”讲不通。在“送灯”文化最浓厚的福建、台湾，“送燈”与“送丁”在闽南话中的发音比较接近，所以才有了“送灯”就是“送丁”的吉祥寓意。

在福建人的记忆里，元宵节前，长辈们很重要的一件事就是给后辈送花灯。花灯的种类多，寓意也不同，送灯多有讲究。给出嫁的女儿送花灯，象征人丁兴旺，希望女儿早生贵子，为家里“添丁”。在我国福州，第一年要送“观音送子”灯，第二年要送“孩儿坐盆”灯，第三年送“状元骑马”灯，根据出嫁女儿的生育情况送不同的灯。如果女儿嫁过去两年了还没有“添丁”，次年就要“加灯”，一般加一盏“橘灯”，福州话里“橘”与“急”谐音，意思是“着急添丁”。如果嫁出去的女儿多年未孕，则要在庙里定制一个孩儿灯，孩儿灯一套四个，灯上有四个男孩分别举着旗、抱着球、拿着笔、抱着官印，“旗、球、笔、印”的意思是“祈求必应”，体现了家人对添丁的迫切期望。

另外我国南方灯节“祈子”的习俗也十分隆重，每年上元灯节都有“添丁”的人家到宗祠里“点灯祈子”。

32. 元宵节放烟花有什么寓意?

元宵节有放烟花的习俗。传说远古时期，凶禽猛兽很多，四处伤害百姓，人们组织起来围猎它们，却无意间将一只神鸟射死，引起了上天震怒，天帝便下旨让天兵在正月十五到人间放火，将人统统烧死。天帝的女儿心地善良，她冒着生命危险，偷偷下凡把消息传给人间。百姓惊惧，不知如何是好，最后一位老者想出了一个主意：他要求大家在正月十五前后三天，家家张灯结彩，燃放烟火，人间一片火海，这样天帝就会以为人们都被烧死了。从此，放烟花就成了正月十五的习俗。

烟花也叫烟火，是花炮的一种，指一种燃放时能发出各种颜色的火花，它的名目繁多，花色品种颇杂。烟花和礼花交相辉映，璀璨炫目，常用于盛大节庆典礼。正月十五我国燃放烟花的地方很多，“火树银花不夜天”正是对这种情景的真实写照。放烟花，寓意团团圆圆、和和美美。中国是一个礼乐制国家，“礼”的核心是强调“序”，讲规矩、秩序、等级，“乐”则是强调“和”，讲和谐、共享、平等。元宵节放烟花体现了天下太平、家国安泰、君民同乐的精神。

还有一种烟花叫“打铁花”，是正月十五的一种特殊烟花。表演时，铁水温度要烧到1600℃~1700℃，表演者奋力一击将铁水打到高处，铁水腾空而起，在空中形成缤纷夺目的铁花，灿烂无比。这时十几名勇士赤膊上阵，在飞溅的铁花中自如穿行，表演“龙穿花”，气势磅礴，场面宏大。“打铁花”源于工匠的祭祀活动，工匠们期望老君爷、火神爷保佑自己全年平安、四季发财。因为“花”与“发”谐音，所以有“打花打花，越打越发”的吉祥寓意。

33. 为何舞龙舞狮是元宵节的一大祈福习俗？

在我国，凡是民间喜庆的日子几乎都要舞龙舞狮，元宵节作为中国人一年里最盛大的狂欢节，舞龙舞狮更能给这个盛大的节日增添无限的祥瑞之气。

龙是中华民族古老的图腾，古代帝王以“真龙天子”自称，百姓也因是“龙的传人”而自豪。龙不仅是权力的象征，更代表着吉祥、尊贵和勇猛。传说龙能行云布雨、消灾祈福，飞龙在天是祥瑞奋进的象征，所以，舞龙成为中国人独有的表演形式。通过舞龙，人们期望得到龙的护佑，以求风调雨顺、五谷丰登。舞龙有草龙、竹龙、布龙、火龙、水龙、板凳龙多种，龙的节数一般以单数为吉，单数也叫阳数。元宵夜，舞火龙最为壮观，人们用竹篾编织成圆筒，形成笼子，再糊上透明的龙衣，内燃蜡烛或油灯，这是勇敢者的游戏。

狮子在我国也是祥瑞之兽，民间认为舞狮不仅可以驱除疫邪，而且还有迎祥送福的意义。狮子威猛，能够镇宅，给人带来好运，元宵节舞狮也能带来好彩头。在庆典中，舞狮前通常还有“点睛”和“咬青”的仪式，更烘托了吉祥喜庆的节日氛围。舞狮习俗在我国历史悠久，《汉书·礼乐志》中提到“象人”，“象人”就是扮演鱼、虾、狮子的艺人。可见，汉代时已有狮子舞，到了唐代，狮子舞已发展为上百人集体表演的大型歌舞，还作为燕乐舞蹈在宫廷表演，称为“五方狮子舞”。表演时，扮舞者从五个方向向中心游动，做各种戏舞动作，寓意驱邪保太平。舞狮分北狮、南狮，北狮以“武狮”见长，多为习武之人玩耍，惊险刺激；南狮则以“文狮”见长，表情丰富，动作惟妙惟肖。

34. 元宵节“闹社火”是祈福仪式吗?

初八过了耍社火 李运正 撕纸画

社火是一种古老的祭祀活动。原始先民为了战胜凶禽猛兽，会戴着各种面具扮兽跳傩舞。后来，驱傩仪式由宫廷传入民间，演变为乡村祭神、娱神、迎神的赛会，并融合了杂戏表演。随着娱神队伍的扩大，加入了锣鼓火把助威，“人威”助长了“神威”，最终形成了正月十五盛大的“闹社火”风俗。

社火是高台、高跷、旱船、舞龙、舞狮、秧歌等的通称，具体形式随地域而有较大差异。“社”本义是指土地神，也是一种基层行政单位，在周代以二十五家为社，这里则指祭祀土地神。“火”指火神，这里具有红火、热闹的意思。在我国西北，每年春节都有各乡村群众自发组织的社火活动，规模从几十人到上百人。社火中最有表现力的是高台，每个高台都有主题，常见的故事情节有三打白骨精、二郎救母、秦香莲等，多取材于家喻户晓的秦腔戏剧。高台芯子更是惊险，小孩子扮着各种戏剧人物，站在各种造型的高台枝头上，十分有看点。凡是社火巡游队伍经过之处，鞭炮齐鸣，百姓赠送烟酒等礼物，到处锣鼓喧天、人山人海、热闹无比。

一年一度的闹社火，是村社自发组织的社事活动。村民以村设“社”，与“社”相关的叫“社事”，根据村民的爱好特长，组成不同的“会”，设会头、制会章、收会费。村社是一个成熟的民间组织机制，有一定的感召力和威望。每逢正月十五的迎神赛会，村社便按照各地的习俗组织社火活动。闹社火最热闹的是在正月十五前后三天，有时也会延长至正月二十九。

35. 元宵节“斗社火”有什么讲究?

民谚有：“老百姓，要快活，赶会唱戏弄社火。”“耍社火，弄红火，婆姨娃娃全家乐。”社火不仅有文、武表演，更有文、武之“斗”。“斗社火”好似两军对垒，在较量中蕴含着不少礼仪和讲究。

在我国陕北，就有“斗秧歌”的习俗。“斗秧歌”也叫“彩门秧歌”，每年正月十一至十四，本村秧歌队与外村秧歌队进行交流。交流前，秧歌队设“快马”一人，头扎毛巾，腰系红带，骑马（或驴）前来报信。本村要在村口搭一彩门。外村秧歌队一到，本村的秧歌队要在村口彩门处迎接，锣鼓喧天，鞭炮齐鸣。“斗秧歌”主要是“文斗”，即“斗歌”。主村抬一方桌，放在彩门中间，仪程官站在桌子上开始发问，客队由伞头作答。伞头作答时，队员配合扭“十字步”、打“回声”。比如客队伞头问：“锣鼓停声我开音，万友亲朋你细听，转九曲来到双水村，不知你们栽下什么灯？”主队伞头回答：“罐子村的亲朋你细听，欢迎你们来到双水村。你问我们栽下些什么灯？今年和往年大不相同——西瓜灯，红腾腾；白菜灯，绿蓁蓁；韭菜灯，翠铮铮……”一连串别出心裁的你来我对，“斗”的是文采和智慧。“文斗”一般进行三个回合，将秧歌活动推向高潮。

在我国太原还有“斗锣鼓”的习俗。过年耍社火，两队街头相见，互不相让，不争个高低，绝不歇手。于是，大家各显身手，锣鼓敲了一曲接一曲，一阵接一阵，斗得观众叫破了嗓子。当然，“斗”锣鼓没有绝对的输赢，斗的是锣鼓的精湛技艺，斗的是人的精气神。我国西安周至县集贤古镇还有“精身子打社火”的习俗，每年正月初二开始，让光着膀子的年轻后生到对方街道叫阵挑衅，激惹对方出阵。双方对阵就是“打社火”，“打”不是真武斗，而是比谁的社火更精彩、更受观众追捧。“打社火”表面是比勇敢、比彪悍，实际上比的是智慧和实力。

在我国陕西宝鸡陈仓区、陇县一带，有一种独特的社火叫“血社火”。其中陈仓区赤沙镇主要以《水浒传》中武松怒杀西门庆的故事为题材，以斧子、铡刀、剪刀、镰刀、锥子等器具，表演惩戒坏人时受刑流血的情节，故称“血社火”。

“血社火”取名“快活”，一是取《水浒传》中的地名，即“快活林”；二是取其意，即铲除为非作歹的恶人，让老百姓人心快活。“血社火”所表演的都是惩恶扬善、警示人心的故事，与戏曲的“高台教化”作用是一致的。

36.“转九曲”与驱百病有怎样的关系?

“转九曲”，又叫走九曲，是我国黄河流域的古老习俗，也是震撼人心的大地艺术。一般是在正月十五傍晚举行，参与者在秧歌队的陪伴下，将由367 盏油灯组成的九曲回廊一起点亮，形成一个巨大的迷宫阵。男女老少一起在锣鼓唢呐声中转九曲，俗有“转九曲，消灾祛病，人活九十九”的说法。

“转九曲”也叫转灯，是一种祭祀活动，俗称“闹老教”。为的是祈求神灵保佑，驱逐邪魔、消灾祈福。也有说此种传统风俗是为了纪念《封神演义》中为赵公明报仇的“三霄”（云霄、琼霄、碧霄三姐妹）在西岐设的九曲黄河阵。

“转九曲”的阵法也有讲究，要选择一块较宽阔的平地围成四方形阵图，横竖各19行高粱秆，共361根（连同阵门共367根）。中间柱头安放七盏灯，叫七星灯，寓意天上的北斗七星。灯是油灯，用洋芋或白萝卜挖空、注满麻籽油，加棉花捻子点燃。阵内设九个小城，九个小城代表金、木、水、火、土、日、月、罗睺、计都九个星宿。城城相连，城城相套，形成“迷魂阵”，能够走出来就是一件幸运的事。

“九曲城里十八弯，男女老少把灯观。观了花灯把病散，年年月月保平安。”转九曲的人中，有祛病的，有消灾的，还有祈官祈学祈子的。“转”的顺序也有讲究，要按照顺序转灯，不能乱窜、乱跨栏杆，否则就坏了规矩。再加上灯是油灯，乱窜会碰倒油灯，甚至会烫伤身体，是不吉利、不安全的。

37. 元宵节逛庙会应注意哪些禁忌？

过年各地都有庙会，耍社火与逛庙会如同孪生姊妹。庙会是我国民间重要的节俗活动，农历新年、元宵节、二月二等都有庙会。庙会也叫“庙市”或“节场”，现多与集市贸易有关，节日期间在规定的寺庙周围设置市集，摆摊售卖各种商品小吃，以供游客之需。

逛庙会进入寺庙时，一定注意要走寺庙的两个小门，因为中间的门叫空门，只有出家人才可以出入；还要注意进门不要踩门槛，踩门槛的行为会被视作一种不敬；在游玩过程中，要尊重宗教信仰和庙宇的规定，不得随意破坏和污损庙宇，要遵守秩序，不大声喧哗、推搡他人。

春节期间，北京的庙会非常热闹，有“厂甸庙会”（初一至初五）、“五显财神庙会”（初五至十六）、“白云观庙会”（初一至十九）等。逛庙会有不少有趣的民俗活动，如摸白云观的石猴，据说可以祛病消灾、延年益寿；窝风桥下投铜钱，据说桥洞里吊着一枚大铜钱，铜钱孔上有一口小铜钟，上书“钟响兆福”，如果用硬币投中铜钟，就会心想事成。

38. 元宵节为何是中国人的狂欢节?

“三十的火，十五的灯”，除夕多表现为全家的“守”，元宵节则多体现全家的“出”。正月十五月圆之夜，举家观灯，普天同庆，因此元宵节也是中国人的狂欢节。

《隋书·柳彧传》中记载：“每以正月望夜，充街塞陌，聚戏朋游。鸣鼓聒天，燎炬照地，人戴兽面，男为女服，倡优杂技，诡状异形……无问贵贱，男女混杂，缁素不分。”这描写了京城长安的元宵节，男女老少、不分贵贱，一律戴假面，观灯人群充塞着街道，狂欢不止的热闹场景。唐代诗人崔液《上元夜》中也写道：“谁家见月能闲坐，何处闻灯不看来。”可见元宵节百姓赏灯的盛况。

在打破礼规界限，举国“狂欢”的时刻，那些未婚的青年男女，也在观灯时偷偷约会。元宵节最著名的爱情故事就是“破镜重圆”，故事发生在南北朝时期，南陈后主陈叔宝的妹妹乐昌公主嫁给太子舍人徐德言为妻，夫妻十分恩爱。后来隋军压境，南陈面临亡国之危，夫妻俩将铜镜一破两半，约定正月十五元宵节在卖镜老人处相见。南陈灭亡后，乐昌公主被赐给隋将杨素为妾，虽受宠爱，但她心中仍时刻思念前夫徐德言。杨素得知实情，成人之美，叫徐德言进府与乐昌公主相见，遂有了“破镜重圆”的佳话。类似这样的故事还有很多，“月上柳梢头，人约黄昏后”“众里寻他千百度，蓦然回首，那人却在灯火阑珊处”，都是描写青年男女元宵节美好爱情的诗词佳句。所以，元宵节也是中国的情人节，为举国狂欢增添了无限的美好和浪漫。

39. 吃元宵是元宵节的食俗吗？

最初，元宵节并没有吃元宵的食俗，吃元宵的历史比较晚，大概是从宋代才开始的。

我国历代对正月十五的称呼不同，秦汉叫“元夕”“小正月”，唐宋叫“上元节”，明清叫“灯节”，广泛使用“元宵节”这个名字便更晚了。由于正月十五时，天上月圆，地上团圆，“圆子”的“圆”凸显了这个节日的意义。再加上，正月十五又多处于冬去春来的寒冷季节，“圆子”都要吃热的，因此，无论北方的元宵，还是南方的汤圆，都必须热腾腾的，“圆子”“元宵”为月圆之节增添了无限的暖意。民以食为天，元宵所蕴含的吉祥团圆之意，后来也成为正月十五最突出的节日主题，元宵节的称谓代替了上元节、灯节等叫法，成为老百姓普遍的称呼。

元宵与汤圆都是元宵节的代表性食物，北方吃元宵，南方吃汤圆，两者相同之处在于都是用糯米做的，不同表现在以下方面：一是做法不同，元宵是将成形的馅料切成小块，然后蘸上水在生糯米粉的筛漏（也叫箩）里滚出来的，要不停摇晃，形成元宵。汤圆则是包出来的，要先将糯米粉加水和成团，包进馅料捏成圆球，表面光滑软糯。二是馅料不同，元宵馅料偏硬，偏甜口。汤圆馅料偏软，咸、甜、荤、素口味众多。三是煮的时间不同，元宵煮的时间长，要煮 10 分钟以上；汤圆时间短，3 分钟就好了。四是吃法不同，元宵可以煮着吃、炸着吃，汤圆则是煮着吃、炒着吃。五是储存不同，元宵冷冻后容易干裂，只能现做现吃；汤圆则可以放冰箱长期保存。

我国北方的元宵大多是节令食品，集中在冬季制作和销售，尤其是元宵节前后是销售旺季，元宵节以后就很少有了。而南方的汤圆，则超越了节令，成为一年四季不间断的美食。

40. 正月里“本命年”有何讲究？

我国以十二生肖纪年，排序为鼠、牛、虎、兔、龙、蛇、马、羊、猴、鸡、狗、猪，根据十二个时辰，又发明了子鼠、丑牛、寅虎、卯兔、辰龙、巳蛇、午马、未羊、申猴、酉鸡、戌狗、亥猪的排列顺序。每个人一出生便与生肖属相相联系。六十年为一甲子，十二年为一循环，“本命年”就是本人属相的那一年，俗称属相年。在汉族的传统习俗中，“本命年”犯太岁，有“太岁当头坐，无福必有祸”的说法，所以要迈过“本命年”这个坎讲究很多。

一是以挂红、扎红、佩红等方式避凶趋吉。红色是吉祥色，中国人尚红，喜事必用红，红对联、红嫁衣、红盖头、红榜，汉民族始终把红色视为喜庆、成功、忠勇、正义的化身。“本命年”挂红，就是穿上红色内衣，系上红色腰带，饰物挂红绳等，人们认为这样就能够趋吉避凶、消灾免祸。二是有拜祭“太岁”以求延寿的讲究。这一年腊月三十或正月十五要到道观祭拜“本命元辰”（也叫“太岁”）。三是诸事小心，避免与人争执以求平安。“本命年”常被视为“过坎年”，古人认为这是一个不吉利并易遭受祸事的年份，所以，在工作、家庭、社会各个方面，要避免与人争执、避免意气用事，心胸开阔，平安是福。

“本命年”是我国民间对人的生命周期长期观察的经验总结，让人们有所敬畏。人的一生不是一帆风顺的，古人在十二年轮换周期中，以“本命年”为节点，警示人们应该在每个人生阶段有所敬畏，无疑有一定的积极作用。

41. 为何正月里不剃头？

“身体发肤，受之父母”，头发对中国人的重要性是不言而喻的。古代男子是留长发的，头发不能随便动，男子到了二十行“冠礼”，就是将头发束起，并在头顶挽起一个发髻，之后还要用绸子把发髻裹住，然后加冠。《礼记》载：“敬冠事，所以重礼，重礼，所以为国本也。”古人把冠礼作为五礼之始，可见对于头发的重视程度。“正月不剃头”的习俗，也是中国人的一种礼规。

民间将“正月不剃头”的礼规，演化为“正月不剃头，剃头死舅舅”的传说，这其实是个误会。“剃头”之事始于清兵入关，清廷统治中原后，要求所有男子留“砂壶头”，就是必须剃掉前额的头发，然后在脑后扎一条辫子。这一做法，对长期禁止毁发的汉族男子来说，无疑是对父母与祖先的大不敬，大家纷纷抗议，誓死不从。但清廷强迫汉族男子剃发，并规定“留头不留发，留发不留头”。最终，在清廷的淫威下，汉族男子不得不剃头。但仍有不少人思明抗清，有“思旧”的情怀。因此，就有了正月不剃头，剃头就“思旧”之说。但“思旧”以讹传讹，在民间演变成了“死舅”。

清政府被推翻以后，中国男性彻底告别了辫子，一切新思想从“头”开始，春节前就开始理发沐浴，大年初一穿新衣、放鞭炮、拜新年。但“正月里不剃头”的说法仍然流行，这里面还存在另一个重要原因。因为在以前，剃头是一门手艺，能够掌握该手艺的人很少。剃头师傅一年中从早忙到晚，只有过年时才能休息，通常是正月回家，休假关门一个月。正因为如此，正月里剃头店不营业，这就有了正月不剃头的说法。

42. 正月最后一个节日缘何叫“填仓节”？

“填仓”也就是填满谷仓，“填”与“天”谐音，也称“天仓”。民间把每年正月二十称为“小天仓节”，正月二十五称为“大天仓节”。

“填仓节”是正月里最后一个节日，这一天粮商米贩要祭祀仓神。传说仓神是一位看管皇粮的仓官，因战乱中饿殍遍野，这位仓官毅然打开皇仓，救济百姓。仓官自知犯了皇法，于是在正月二十五日这天，烧仓自焚。后来老百姓为了纪念这名仓官，每年用草木灰撒成粮囤的形状，并在囤中撒以五谷，象征五谷丰登，将无名氏仓官供奉为仓神，表达老百姓对他的深切感念。

填仓有三种说法：一是这一天要吃饱喝足，这样一年就不会挨饿；二是说这一天要籴米积薪，收贮煤炭，名曰填仓；三是在院中画仓，增添少许谷物，象征囤仓，故称填仓。三种说法都有“添加”之意，寄托了人们对于来年粮食丰收的美好愿望。“填仓填仓，小米干饭杂面汤”，北方的老百姓这一天要吃香喷喷的干饭和细丝滑润的杂面汤。“点遍灯，烧遍香，家家粮食填满仓”，这一天，民间亲朋往来，美酒佳肴，醉饱方归。

【贰】

二月迎春促耕忙

——春龙与花朝节礼仪

43. 古代的“籍田礼”是怎么回事？

籍田指古代为天子、诸侯举行籍礼而设置的田，“籍田礼”是指每逢春耕前，天子示范性耕作的礼仪，通常是由天子、诸侯执耒耜在田地上象征性地耕作示范一番。

过完春节就进入了春耕大忙时节。古代帝王非常重视春耕，春耕前，都要举行天子亲耕农田的典礼，一是奉祀宗庙，祈求护佑社稷；二是劝农耕作，莫误农时。籍田礼起源于氏族社会，那时氏族长都参加劳动，后来因地位变化而脱离劳动，但在春耕时，氏族长还是要象征性地犁田。到国家产生后，就演变为帝王的籍田之礼。周代以后，籍田礼成为国家礼乐之一，《诗经·周颂·噫嘻》载：“噫嘻成王，既昭假尔。率时农夫，播厥百谷。”《毛诗序》中也说：“《载芟》，春籍田而祈社稷也。”在《国语·周语》中对籍田礼有比较详细的描述：“王耕一墢，班三之，庶民终于千亩。”先是由帝王带头耕一墢土地，接着公卿大夫依次耕三墢土地，最后由庶人将土地耕完。

籍田礼是古代的吉礼，一般都在孟春之月进行，是祈求丰收的重要礼俗。古代籍田礼十分隆重，因为中国以农为本，一年之计在于春，有了春耕春播，才会有夏长秋收。国家社稷靠农业支撑，为了劝课农桑，皇帝在“皇家籍田”亲自耕种，垂诫天下。籍田礼不仅有皇帝亲耕仪式，还有盛大的祭祀祈福、农耕舞蹈表演。

44.“打春牛”为何成为春耕的盛大仪式?

打春牛　李运正　撕纸画

“打春牛”也叫鞭春，是我国籍田礼中的重要仪式。“立春始，万物生”，古人十分重视立春，立春日要“进春牛图，礼毕回署，引春牛而击之”。这里的献春牛图、鞭春牛，都与粮食有重要关系。

缘何籍田礼要“打春牛”？牛是六畜之一，是农耕的重要角色，也是春耕田野的重要象征。民以食为天，国以农为安，鞭打春牛则是古代帝王亲率农耕、劝农莫误农时的盛大动员令，也是告诉老百姓年节已经结束，要全力投入农耕了。

在我国，牛是农耕的主力，广大农民对牛爱护有加，通常“打春牛”中的“牛”，并不是真牛，而是土牛。所谓的“打”，就是鞭打土牛，打去土牛身上的懒惰，迎接新一年的耕作。鞭打只是象征，人们爱牛惜牛，正如《谪连州书春牛榜子》所写：“不得职田饥欲死，儿侬何事打春牛？”制作土春牛也有讲究，一般土春牛身长三尺六寸五，象征一年 365 天。牛尾长一尺二寸，象征十二个月。四蹄，象征四季。打牛的鞭子要长二尺四寸，象征二十四节气。通常鞭打春牛，由“句芒神”执行，把土牛打碎，最后由村民将土牛碎片拿回家。后来，鞭打春牛改为由当地官员先鞭三下，以示春耕，然后由村民打碎为止。中华人民共和国成立后，土牛改成纸牛，里面有五谷，象征五谷丰登。如今，“打春牛”的仪式改为“耕作戏”，一人牵牛，一人扶犁，空中扬鞭，边耕边舞。“打春牛”作为一种庆典，表达了劳动人民对美好生活的热爱。

45.“春倌说春”是怎么一回事?

“春倌”也写作“春官”，俗称说春人。旧时，每逢岁末年初，乡间就活跃着一批说春人，大多是中老年男性。他们常常带着“春帖”，走村串户，送春上门，凭借一张巧嘴，把吉祥祝福送给千家万户。

“春官”为古代官名，《周礼》设天、地、春、夏、秋、冬六官。春官以大宗伯为长官，掌管礼制、祭祀、历法等事。“春倌说春”起源于春秋战国时期，王室为了维护农业生产，让老百姓按照节气进行农耕，通过春倌送“春帖”的形式，把记载有时令的“春帖”送到千家万户，这种风俗一直传承了几千年，如今在陕南汉中、安康，甘肃陇东，四川北部一带仍然延续着春倌说春的风俗。

春倌报春　李运正　撕纸画

“春帖”分黄、红两种，黄色春帖较小，以二十四节气为主要内容，农历十月又称“小阳春”，此时春倌上门说春主要以二十四节气为内容，告诉农人来年时序节令与气候特征。一般过年多送红色，内容有些像万年历，记载一年的黄道吉日和百事禁忌。“春倌送春”的目的就是给老百姓送新一年的日历，指导农业生产和农民生活。春倌送到每户时，要即兴编唱，“想财神、盼财神，财神主动送上门。请财神、送财神，财神来了请开门”。每表演完一户，送一张春帖，户主都会给春倌封礼，赠送粮食或钱。春倌必须脑子灵、反应快、嘴巴甜，这样才能受欢迎。除了带春帖，春倌还常常拿一只黑色的木制“春牛”和“蒙古棒”，背一个“褡裢”。“蒙古棒”一可探路，二可打狗防身。春倌不能将此棒带进主家室内，只可立在堂门外边。“褡裢”主要是装户主回赠的钱与粮。

46. 为何说古代“春社”是乡村最热闹的一个节日?

“春社”是我国古代祭祀土地神的节日，以立春后第五个戊日为春社日。《说文解字》云：“社，地主也。”社，土地之主。将土地人格化就诞生了“社神”。古代中国以农为本，靠土地吃饭，因此每年祭祀土地神就成为乡村中最热闹的一个节日，不仅有盛大的祭社仪式，还有老百姓喜欢的迎神赛会以及丰盛的乡村社宴，其场面的热闹欢庆丝毫不逊于春节。

我国有“春祈秋报”的习俗，故社日分为“春社”和“秋社”。祭社的目的就是祈求风调雨顺、五谷丰登。“社”分为“官社”和“民社”，官社属于国家祀典，在社稷坛举行，古人把谷神称为“稷”，后来将土谷之神统称为“社稷”。官祭庄重肃穆，有一套完整的礼仪，班固《白虎通义·社稷》中记载：“太社为天下报功，王社为京师报功。”报功也就是酬报有功的人。“太社”祭祀过程分斋戒、陈设、銮驾出宫、奠玉帛、进熟、銮驾还宫六个环节，每个环节都有极其繁琐的仪式。

相比官社，乡村民社则充满了生活气息，娱神又娱人。乡社由社首主持，费用也由民众共同承担，成为邻里娱乐欢聚的日子，有敲社鼓、食社饭、饮社酒、观社戏等一系列民俗活动，最隆重的是民间迎神赛会。由人装扮成戏曲人物，绑缚高架，被众人抬举，沿街游行。旧俗认为神像出游可以消灾赐福。热闹之后，还有盛大的社宴，人人酒醉饭饱而归，唐代诗人王驾《社日》

写道："桑柘影斜春社散，家家扶得醉人归。"就是对这一活动的生动描写。

社宴是指社日举行的美食盛宴，《荆楚岁时记》中记载："社日四邻并结宗会社，牲醪，为屋于树下，先祭神，然后飨其胙。"宋代诗人梅尧臣也有《春社》诗写道："年年迎社雨，淡淡洗林花。树下赛田鼓，坛边伺肉鸦。春醪朝共饮，野老暮相哗。燕子何时至，长皋点翅斜。"可见，社宴何等丰盛热闹。

参加社宴是有讲究的，因为有祭祀土地神的仪式，社首等人要斋戒一日，参加社祭的人都要在神位前净手。然后，按地位大小立定，行三祭酒礼、三鞠躬礼，礼毕后大家开始饮酒，不醉不归。社肉也称"福肉"，祭祀后分割给参加社祭的每家每户，十分公道。陆游《社肉》一诗写道："醉归怀余肉，沾遗遍诸孙。"将分的肉带回家，分享给子孙后代，让全家老少都能感受到土地神的恩惠。

与春社一致，秋社是立秋后的第五个戊日，正是秋收的大美时节。

47. 迎春为何要"吃春饼"？

按照民俗，立春这一天要"吃春饼"。农历二月二北京等地"吃春饼"，谓之"吃龙鳞"。立春时节，春回大地，大葱冒出的嫩芽称"羊角葱"，人们以饼卷葱，尝鲜谓之"咬春"。以饼包卷芹菜、韭菜、葱等，寓意勤劳致富、长长久久、家业兴旺。"从头吃到尾"，则寓意富裕、吉利。

我国立春"吃春饼"的历史悠久，"春饼"也叫"春盘"，过去"咬春"有吃萝卜的习俗，为何要吃萝卜呢？主要是因为萝卜有消食顺气、促进人体新陈代谢的作用，立春吃萝卜不仅可以解春困，还可以增强妇女的生育机能。关于春盘，大诗人杜甫就有诗："春日春盘细生菜，忽忆两京梅发时。"延至明清，吃春饼之俗日盛，明代还有立春时皇帝在午门赐百官春饼的礼俗。

“春饼”是用面粉烙制或蒸制的薄饼。清代文学家、美食家袁枚的《随园食单》有记：“薄若蝉翼，大若茶盘，柔腻绝伦。”“春饼”的核心是体现“春”，也就是体现春天的时令鲜菜，体现“鲜”和“嫩”，如《本草纲目》所云：“以葱、蒜、韭、蓼、蒿、芥辛嫩之菜，杂和食之，取迎新之义。”

我国潮州的春饼，是用饼卷虾肉，蘸着甜面酱吃，饼不能厚，讲究的是“隔饼看菜”。

48. 二月二缘何龙抬头？

二月二龙抬头　李运正　撕纸画

农历二月二，也叫“青龙节”“春龙节”，俗称“龙抬头”。这里的“龙”不是指图腾，而是指古老的二十八星宿。从天文学角度讲，在二十八星宿中，东方苍龙占了七个星宿，分别为“角、亢、氐、房、心、尾、箕”七星，这七星恰恰组成了一个完整的“龙形”，“角宿”代表龙角，“亢宿”代表龙喉，“氐宿”代表龙爪，“房宿”代表龙腹，“心宿”代表龙心脏，“尾宿”和“箕宿”代表龙尾。农历二月二正值仲春，“龙角”出现在地平线上，古人把它崭露头角称为“龙抬头”。

龙抬头并非一条龙在变幻，而是远古自然天象崇拜的结果。龙司掌着行云布雨，龙抬头在农耕文化中代表着雨水将要增多，万物生机盎然，春耕由此开始。自古以来，人们就在仲春“龙抬头”这一天敬龙庆祝，以祈求风调雨顺、五谷丰登。为了纳吉，我国北方地区二月二这天吃的东西均与“龙”有关，面条叫“龙须面”，饺子叫“龙耳”“龙角”，煎饼叫“龙鳞饼”，吃猪头叫“食龙头”，等等，民间还有“剃龙头”“放龙灯”等活动。

49.“剃龙头”有哪些讲究？

农历二月初二龙抬头，民间有剃头发的习俗，民谚有：“二月二剃龙头，一年都有精神头。”人们认为，这一天剃头发，会吉星高照，鸿运当头。

由于正月不剃头，二月二龙抬头这一天，就成了人们集中剃头理发的时候。头发长了既碍事，又显得没有精神，二月二理发店门庭若市，生意十分兴隆，原因只有一个，那就是“二月二，龙抬头。孩子大人都剃头，讨个好彩头”。这一天剪发，又叫“剃喜头”。剃了头，便犹如冬眠后的龙，在新的一年奔腾飞跃。剃头作为一个行业始于清代，剃头匠分为两种，一种是流动的“下街挑子”，另一种是在固定地方设棚操业的“桥头挑子”。凡从事剃头须有师承，有“净发须知”，有妇女不剃、出家人（僧、道、尼）不剃和乞丐不剃的讲究，非常重视规矩。剃头匠如果没有过硬的手艺，谁也不敢拿刀，剃头师傅必须学会梳（发）、编（辫）、剃（头）、刮（脸）等技艺。

二月二剃头　李运正　撕纸画

在龙抬头这个吉日，小孩子剃头期望能够健健康康、前程似锦，大人剃头期望能够辞旧迎新、好运到来。龙抬头这一天，也是雨将至之时，民间有“龙不抬头，天不下雨”之说，春雨贵如油，雨也是财，百姓希望龙能够行云布雨，滋润大地，使万物生长。二月二龙抬头，除了剃龙头，还有祭龙神、吃猪头、穿龙尾的习俗。

50.“二月二，祭药王”有哪些礼仪?

“二月二，祭药王”，这里的药王指孙思邈。孙思邈医术高超，擅长养生，据说活了一百多岁，多次被唐太宗、唐高宗召见赐官，但他不愿做官，乐于为苍生采药治病，有《千金要方》和《千年翼方》存世。

缘何在药王孙思邈的故乡——陕西铜川耀州孙塬村，每年农历二月二祭药王并举行古庙会呢？药王山古庙会起于唐，兴于宋，完善于明清，香火越来越旺，被誉为“关中第一庙会”。它是当地百姓为感激药王的恩德，在药王仙逝后自发举行的祭拜，以表达对药王的崇敬之心。史料中孙思邈的生卒日不详，当地选择二月二这一天祭祀药王大概与龙有关。孙思邈有“坐虎针龙”的传说，能够手到病除，有起死回生之功，将病龙诊治好。民间选择二月二龙抬头这一天祭祀孙思邈，也是认为会得到龙王的护佑。正因为如此，药王山祭祀药王的香火十分兴盛，“更逢二月人潮涌，千载长扬济世风”。

二月二祭药王的仪式有三上香、三叩首、三献礼以及祭文。三献礼是祭祀祖先的礼节，主要是陈列好供品后，进行三次献酒，分别为初献爵、亚献爵、终献爵。但在药王整岁诞辰的时候，为了显示隆重会采用九献礼，也就是最高礼节。香客多以朝山祭拜“药王”为主。除祭拜外，还伴有“天明戏”“路畔灯”及舞狮、龙灯等大型社火活动。会期从农历二月初二至二月十一，共十天左右，热闹非凡。

51. 二月初三缘何“祭文昌”？

文昌也叫文昌帝君，是我国古代民间掌管功名禄位之神，被文人、求科名者尊奉。自周以来，历代相沿制定礼法，将祭文昌列入祀典。

相传，农历二月初三是文昌帝君的生日。宋元时期，天下府县处处建立文昌宫，不少地方建立文昌庙、文昌塔。到了清代，每年二月初三，文昌帝君生日那天，朝廷都要派人前往北京文昌庙祭祀。凡是读书人，童生、秀才、廪生、贡生、举人以及私塾老师，都要准备水果、茶食、点心等供品，到文昌庙举行“三献礼”。也有家长为孩童到文昌帝君面前供奉，选用葱（象征聪明）、芹菜（象征勤奋好学）、肉粽（代表高中状元）等供品，希望文昌帝君保佑自己的孩子能有好的成绩。

文昌神本来是民间的星宿崇拜，泛指北斗星宿。后来逐渐人格化，民间有五大文昌帝君：梓潼帝君、魁斗星君、朱衣神君、纯阳祖师吕洞宾、文衡帝君关羽。其中最有名的是梓潼帝君张亚子，传说张亚子是个孝子，一生行善治病，死后被梓潼百姓奉为梓潼帝君。唐代安史之乱时，唐玄宗逃到蜀地，夜宿七曲山，曾梦见张亚子显灵后，唐僖宗又追封他为济顺王。如今，四川绵阳一带每年都有庆祝文昌君诞辰的庙会，从二月初一开始，一直延续到二月二十五，长达二十余天。

52. 我国傈僳族“刀杆节”有哪些仪式?

我国的傈僳族源于古老的氐羌族系，主要分布在云南、西藏等地。每年农历二月初八，傈僳族都要过“刀杆节”。

“刀杆节”源于明代。传说明代有一个兵部尚书叫王骥，他帮助傈僳族人民赶走了外来侵略者，后却被奸臣弹劾，调回朝廷，并在二月初八的洗尘宴上，被奸臣用毒酒害死。消息传来，傈僳族人民义愤填膺，发誓要为这位抵御外敌的王尚书报仇，于是决定在二月初八这一天举行“上刀山”“下火海”仪式，以赴汤蹈火的精神回报英雄。久而久之，就形成了傈僳族的传统节日——“刀杆节”。

“刀杆节”最惊险的表演就是“上刀山”和“下火海”。“上刀山”，是指矗立两根约20米高的粗大木杆，木杆上绑上36把锋利的长刀，刀刃向上，银光闪闪，形成让人生畏的刀梯。上刀山的勇士，以酒祭完英雄后，赤脚爬上刀梯，中间要经过“点花”“点刀”“耍刀”“迎花”“设坛”“祭刀杆”“竖杆”“祭龙”“上刀”“拆刀”等一系列环节。“上刀山”要有相当的功夫，要做到“手不伤肤，足无伤痕”，有的勇士还要在长刀上表演倒挂金钟、大鹏展翅等惊险动作，表现出傈僳族人民不畏艰险的精神。

“下火海”也相当惊险刺激，在鞭炮与锣鼓声中，勇士们上身赤裸，光着脚，模仿各种禽兽的动作在烧红的木炭上跳舞，表现出勇士们英勇无畏的精神和高超的本领，同时也蕴含了傈僳族人民希望在新的一年消灾除难的愿望。

53. 我国傣族“彩蛋节”有哪些讲究?

傣族是我国少数民族之一，主要分布在云南怒江、澜沧江一带。每年农历二月初十，是傣族的重要节日——“彩蛋节”。

彩蛋节也是傣族的儿童节，主要习俗就是玩彩蛋。这一天，傣族的小朋友们要穿漂亮的民族服装，服装的胸前都有一个小兜，将染成黄、红、绿、紫等各种颜色的熟鸡蛋装在小兜里面，到学校里与同学们共同分享、互相祝福，所以这个节日叫彩蛋节。

彩蛋节的仪式有三。一是节日欢聚。作为傣族的儿童节，小朋友们相互邀约，一同到水边树下，进行捉迷藏、猜谜语、打水仗、扎猛子等活动，欢欢乐乐过节。二是分享彩蛋。到了中午，太阳高升，彩蛋开始登场，小伙伴们找一块大石头，铺上芭蕉叶，将各自兜里的五颜六色的彩蛋以及带来的美食，与小朋友们一起分享，大家你吃我的，我吃你的，其乐融融。三是孝敬父母。在分享彩蛋时，傣族儿童们有一个特别的讲究，就是孩子们只吃彩蛋的蛋白，而把金色的蛋黄带回家孝敬父母，以表达他们对尊长的敬爱之情。当尊长收到孩子们的礼物时，也要祝福孩子们茁壮成长。傣族人在儿童节中，以彩蛋分享使儿童从小懂得与人共享、孝敬尊长，很有寓教于乐的意义。

54. 花朝节究竟祭祀哪一位“花神”？

花朝节也叫“花神节”“百花的生日”，那么，究竟是哪一个花神的生日呢？花朝节相传始于唐代武则天执政时期，武则天爱花成癖，外出踏青赏花是她的一大爱好，她还命人用花制成糕点作为赏赐。后来上行下效，便形成了踏青游春的花朝节。

虽然花朝节与女皇武则天有关，但我国最早的花神相传是女夷。女夷本来是神话中主宰春夏万物生长的女神，《淮南子·天文训》载：“女夷鼓歌，以司天和，以长百谷、禽鸟、草木。”魏晋南北朝时，女夷成为道教女仙魏夫人的弟子，相传魏夫人活了83岁，被道教封为紫虚元君，女夷也随之升天成仙，因为善于种花、养花，被后人尊为“花神”。清代蔡云有一首诗写道：“百花生日是良辰，未到花朝一半春。红紫万千披锦绣，尚劳点缀贺花神。”写的就是为花神贺寿的事情。

除了最早的花神女夷外，我国历代文人都有各自偏爱的花，甚至出现了十二个月的花神，分别是一月梅花神江采萍，二月杏花神杨玉环，三月桃花神戈小娥，四月牡丹花神丽娟，五月石榴花神公孙氏，六月莲花神西施，七月玉簪花神李夫人，八月桂花神绿珠，九月菊花神梁红玉，十月芙蓉花神貂蝉，十一月山茶花神王昭君，十二月水仙花神甄宓，真乃一月一花神。更有甚者，有人还列出了十二个男花神，屈原、欧阳修、苏东坡、周敦颐等都在榜上。

55. 祭花神有哪些仪式？

据清秦嘉谟《月令粹编》引《陶朱公书》载“二月十二日为百花生日，

无雨百花熟”，可知百花生日的传说由来已久。花代表着生命的轮回，民间在这一天要到花神庙里烧香祈福，祭祀花神，因为传说花神不仅可以护佑草木花卉生长兴旺，还有掌管生育的力量，祭拜花神也有祈生求子的意义。祭祀花神要供奉时令水果，献香焚香、献爵、分食福胙等，多由女性参加，祭拜前要沐浴斋戒，以素洁之心敬祭花神。

祭花神仪式如今在我国汉族逐渐消失，但在少数民族中仍很流行。彝族人把杜鹃花叫“索玛花”，认为是仙女所变，杜鹃因此成为彝族人心中的圣花。其祭花神仪式十分隆重，几百名女性身穿节日盛装，站在花神“索玛”的雕像前，杀猪宰羊，设席焚香。仪式有迎花神、祭花神、唱花神、跳花神、送花神等环节，表达了对花神的无限敬仰，祈求花开百里，风调雨顺。彝族祭花神的特别之处是“毕摩诵经”，毕摩是彝族的祭司，“毕”在彝族中是祝赞诵经之意，“摩”指长老或老师。通过毕摩诵经祭花神，增强了仪式的庄严感与神圣感。同时，祭花神还要点燃圣火，长号齐鸣，舞祭吐火，使祭祀花神的仪式更加肃穆。

中华民族自古就是一个爱花的民族，“华”同“花”，从华胥、华夏到中华，“花”伴随着中国人几千年。吃花糕是花朝节的食俗，传说武则天在神都洛阳，每到这一天都要令宫女集百花，和米一起捣碎，蒸制成糕，用花糕来赏赐大臣。如今，古都洛阳的牡丹糕饼仍享誉中外。花朝节食花糕的习俗在各地都有，北方有色彩斑斓的花馍，南方有各式各样的花糕，这都是花朝节的产物。

除此之外，花朝节还有赏红、行花令等一系列习俗。

56. 我国侗族“斗牛节”有哪些讲究？

我国侗族以斗牛为乐，村村寨寨都饲养善斗的“水牛王”，斗牛体现了侗族人不畏艰险、勇往直前的精神。侗族“斗牛节”，南部多选每年农历二月、三月或八、九月的亥日，北部则选择九月初九起斗牛三天，称为“鞍瓦”。南北侗乡斗牛仪式也不相同。

南部侗乡斗牛仪式比较隆重，一是宣布比赛规则，斗牛前，由德高望重的寨佬宣读《斗牛辞》，宣布斗牛规矩；二是选手踩堂，午时，斗牛队伍轮流入场，牛王头镶铁角、身罩红缎，斗牛的后生护着牛王绕场三圈，高呼不止；三是胜者连续开斗，斗牛开始，若一方败了，姑娘们就跑去将“败将”的旌旗夺去，胜者再次入场示威，继续斗，直到待定的牛王都斗过，斗牛才结束。如果两头牛王久斗不分胜负，人们便用绳子拴住两头牛的角，结束它们的搏斗，算是平局。得胜的牛王被披上红布，以示庆贺。

北部侗乡有专门养来斗牛的水牛，称为“圣牛”。斗牛仪式有：一是送帖邀斗。斗牛之前，东道主要派人到邻寨送帖请战，俗称“订牛亲家”。斗牛之前，青年人要吹着芦笙到其他村寨邀请对手，到“牛宫”前吹奏芦笙，敬祭三日，替牛“养心”。二是斗期三天。第一天辰时许，人们在斗牛场会集，正午时分，三声炮响，两头圣牛出场开斗。到了申酉时分，一声锣响，宣布当天斗牛结束。第二天和第三天，斗牛继续。斗牛结束后，胜方姑娘去送还败方的彩旗，败方小伙子设宴款待，陪唱“大歌”，并赠礼品“赎旗”。哪个寨子“牛王”能获胜，是全寨的荣耀，群众要歌舞饮宴庆祝。第四天早上，主寨放炮送客。

57. 祭祀老子有哪些礼仪？

老子是我国道家思想的创始人，姓李名耳，字聃，春秋末期人，著有《道德经》。后被道教尊为始祖，称“太上老君”。我国各地的老君庙、老君山、老君祠众多，四季香火不断。老子的诞辰是农历二月十五，祭祀老子最隆重的有两个地方，一个是河南鹿邑，另一个是陕西周至楼观台。

河南鹿邑是老子故里，鹿邑县老君台及太清宫的庙会，每年二月十五开始，会期一个月。据《后汉书·桓帝本纪》记载，鹿邑老子庙会起源于汉代延熹八年，汉桓帝派大臣到此朝拜老子并建老子祠。老子庙会兴盛于唐高祖李渊武德三年，李渊以老子庙为太庙，举行了隆重的皇家祭祀活动。唐玄宗李隆基天宝二年钦封“老子祠”为“太清宫”。后来，宋、元、明、清都有帝王亲谒或派大臣拜谒。陈风好巫，楚人信鬼，鹿邑每年拜祭之风甚浓，祭祀老子仪式隆重，有打铁舞、老君戏、老君圣歌、老君拳、老君刀、老君棒等民间艺术。这期间周边省市及海内外香客云集，形成了规模盛大的古庙会。

陕西周至楼观台祭祀老子从农历二月初十至二月十六，会期六天。自唐代以来，先后有60余位帝王来楼观台祭祀过老子。祭祀礼分别有社稷祭祀、民众祭祀、宗教祭祀三种不同类型，最有特色的是民众祭祀，仪式有锣鼓演奏、鼓乐演奏、献大蜡、献纸活、诵经、进香祭拜、龙舞、牛斗虎、散祭等。献大蜡中的大蜡不同一般，制作工艺复杂，主要材料有蜂蜡、菜油、五色丝线等，由三个倒立的圆台垒接而成，呈宝塔形，最大的可灌制500斤的大蜡，可以燃烧一年。

【叁】

三月游春饮宴多

——上巳节礼仪

58. 上巳节缘何是一个祓禊的节日？

上巳节起源于远古先民兰汤辟邪的巫术活动，主要是在水边举行“祓禊”，也就是通过兰汤沐浴，祓除不祥。上巳一词出现在汉代，节期在农历三月上旬的巳日，故称上巳节。魏晋南北朝时，上巳节逐渐固定在农历三月初三，也称“重三”或“三月三”，成为水边宴饮、郊外游春的节日。

上古时代，古人于每年春季上巳在水边举行戒浴，洗濯去垢，消除不祥，这就是“祓禊”。“祓”指扫除、清除、清洁的意思，“禊”指祭祀。“祓禊”源于古代的“除恶之祭”。《后汉书·礼仪志上》载：“是月上巳，官民皆洁于东流水上。”汉刘桢《鲁都赋》：“及其素秋二七，天汉指隅，民胥祓禊，国于水游。”《周礼》也出现了“上巳”一词，郑玄注：“岁时祓除，如今三月上巳如水上之类。”应该说上巳节最早就是一个“祓除畔浴”的重要节日，《论语》中也记载孔子与弟子谈论：“莫（暮）春者，春服既成，冠者五六人，童子六七人，浴乎沂，风乎舞雩，咏而归。”写的就是当时的祓禊情景，水滨洗濯，带走身上的灾晦之气，洁净身体，让灾厄与疾病随水同去，具有明显的祈福意义。

魏晋以后，上巳节“祓除”的色彩大大减弱，人们更崇尚自然、纵情山水，上巳节逐渐演变成游春宴饮的娱乐活动。《夏仲御别传》形容洛阳的上巳节“男则朱服耀路，女则锦绮粲烂”，魏晋时代，上巳节成为皇室贵族、公卿大臣、文人雅士临水宴饮的节日，派生出了曲水流觞，即水边赋诗宴饮的雅俗。到了唐代，上巳节更为盛行，长安城倾都宴饮踏青，丽人遍布，杜甫《丽人行》写道“三月三日天气新，长安水边多丽人”。宋明时期，上巳节渐渐衰落，融入清明节。

59. 上巳的“巳”有什么特殊的含义?

我国古代以“天干地支”编排年序，“天干”为甲、乙、丙、丁、戊、己、庚、辛、壬、癸，“地支”为子、丑、寅、卯、辰、巳、午、未、申、酉、戌、亥，十个天干和十二地支依次相配，组成了六十个基本单位，叫一甲子。“巳”在十二地支中排在第六位。古人将三月的第一个“巳”日，称为“上巳”。

古人为什么要选择上巳这一天作为节日呢？“巳”究竟有什么含义呢？“巳”对应生肖是“蛇”，古人常把蛇与女性联系在一起，所以，上巳节与女性有关。同时，“巳”字在甲骨文中，本义是“胎儿”，是婴儿的形状，引申为“后嗣”，有“求子之祭”。《说文解字》中：“巳，巳也。四月，阳气巳出，阴气巳藏。万物见，成文章，故巳为蛇，象形。”正因为“巳”与“胎儿”“蛇”有关，上巳节也被称作“祈子节”“女儿节”。

上巳节有一项习俗是“会男女”，即《诗经》里的“溱洧之会”，就是古代男女表达爱慕之情的情人节。上巳节还有浮鸡蛋的习俗，“鸡蛋”是“胎儿”的一种象征。上巳节不仅浮鸡蛋，还有碰鸡蛋的游戏，都与祈子有关。

60. 上巳缘何要祭高禖?

上巳节祭祀的神是高禖，高禖是我国古代管理婚姻和生育的神，人们通过祭祀高禖除灾辟邪，祈求生育。所以，上巳节在古代也是一个求偶节、求育节。

最初的高禖是成年女性形象，具有孕育状，对她的崇拜是生殖崇拜的一种。古代上巳节就是通过祭祀高禖这样一个仪式，在春天这个生机盎然的节气里，实现人与自然的和谐共生，以祈求生育，多子多福。高禖，也叫“皋禖”，“皋”是指水边的高地，“禖”是求子的祭祀，也是求子的神。宋代罗泌《路史·余论》记载：“皋（高）禖古祀女娲。”传说中女娲造人，故将“皋禖”奉为女娲。女娲是我国母系氏族社会时期的高禖神，也是我国上古神话中的创世女神，她以黄泥抟土造人，创造了人类社会并建立了婚姻制度，使两性相互婚配，繁衍后代。

祭祀高禖是一种帝王礼仪，《礼记·月令》载：“仲春之月……玄鸟至。至之日以大牢祠于高禖，天子亲往，后妃帅九嫔御。乃礼天子所御……授以弓矢于高禖之前。”在周代，周天子春三月要在郊外举行隆重的迎春祭礼。在祭礼中，就有妃嫔“授弓矢”祭高禖的仪式，显然，此种祭祀专为嫔妃所设，是为求生育的。

61. 上巳与古老的“会男女”礼俗有关?

上巳节在古代就是男女相会、表达爱慕之情的节日，所以，上巳节也是中国最早的情人节。

上巳节祭高禖之礼，对已婚妇女是求子、求生育，而对于未婚女性来说就是求偶。《诗经·郑风·溱洧》有云：“溱与洧，浏其清矣。士与女，殷其盈矣。女曰：‘观乎？’士曰：‘既且。’且往观乎？洧之外，洵訏且乐。维士与女，伊其将谑，赠之以芍药。”这里所记载的就是周代青年男女相会的故事，在郑国的溱河与洧河之畔，每年到了上巳节，就有男男女女在此约会，互诉衷肠，最后还互赠芍药定情。芍药是我国的定情之花，既能药身上的病，有镇痛等效用，更能治心上的相思。

人类的婚姻制度，从“野合婚”开始，逐步演化为“一夫多妻制”“一夫一妻制”。上巳节起源于远古先民的生殖崇拜，男女春日相会，是古人繁衍新生命的动员令，也是古代的一种礼俗。《周礼·地官·媒氏》中记载：“中春之月，令会男女，于是时也，奔者不禁。若无故而不用令者，罚之。司男女之无夫家者而会之。”“令”字表明当时官府是支持成年男女上巳节相会的，甚至给予“奔者不禁”以保护倡导这种行为。在蒙昧时代，人类并不明白生育的科学道理，往往将妇女不孕育归咎为鬼神作祟。人们利用上巳节沐浴治疗不孕症，久而久之便相沿成习，演化成上巳节“会男女”的习俗。

62. 上巳节为何要洗桃花水?

上巳节都是在水边举行的，后演变为与水有关的仪式。农历三月上巳，恰逢冬去春来，为了消去漫长的冬寒捂出的疾病，用三月的水洗涤身体上的污垢，是一种很好的自洁行为。

古人选择“巳日”来进行水边祓禊，是一种吉日吉礼。应劭《风俗通义·祀典·禊》解释道：“巳者，祉也。”也就是说，这一天会有福祉降临，是一个吉祥的好日子。古人是很有智慧的，上巳原初的意义就是春季驱邪祛瘟的卫生保健。“畔浴”也是沐浴，就是洗涤污垢，除去一冬积存的病害，在新的一年里清洁免疫，吉祥如意。

当然，古人也知道仅仅靠水洗是不行的，水边也好，温泉也好，水中必须要放药物。古人认为兰花、兰草、柳枝、桃花等不仅是洗浴的药物，也是带有辟邪作用的神物。汉唐时，古人经常用兰草洗身，用柳枝蘸花瓣水，点洒到人的头上、身上，以达到去灾延寿的作用。桃木是古人的辟邪木，桃花实际上也是一种中草药，古人很早就认识到桃花的美容价值，《神农本草经》里就谈到桃花具有“令人好颜色”之功效。洗桃花水具有扩张血管、疏通经络、改善血液循环，防止黑色素在皮肤内慢性沉淀的作用。阳春三月，桃花吐艳，古人用“人面桃花相映红”来赞美少女娇艳的姿容，难怪古人那么喜欢上巳节去洗桃花水了。

63. 上巳缘何是游春的节日？

上巳时值暮春时节，正是人间春光最佳的时期，人们游赏春光，遍览美景，踏青饮宴，体验无限美好的春光。

春秋时代，孔子就喜欢与弟子一同游春，穿着春服，一路唱着歌徜徉在无限美好的春天里。到了唐代，长安城曲江游春，人们更是倾城而出。“三月三日天气新，长安水边多丽人。态浓意远淑且真，肌理细腻骨肉匀。绣罗衣裳照暮春，蹙金孔雀银麒麟”，这是唐代诗人杜甫《丽人行》诗中所描绘的场景。到了唐代，上巳节演化成为盛大的游春踏青活动，皇家园林——曲江也成为唐代最靓丽的丽人风景线。

与其说是丽人行，不如说是皇家外戚游春。上巳三月三这一天，杨贵妃的姐姐虢国夫人、秦国夫人，身着绫罗绸缎，戴满昂贵饰物，珠光宝气，雍容华贵，专门来到长安城南的曲江池畔游玩赏春。杜甫的诗虽然讽刺杨氏姐妹姿态、服饰、行为之华丽骄奢，但也反映了曲江游春踏青的盛况。在长安城的曲江水边，到处都是风情绰约的美丽女子，她们锦绣华裳，人比花娇。有的富家女子这一天专门进行“裙幄宴”，就是游春时，找到一处好景致举行野餐，以草地为席，在四周插上竹竿，把裙子连接起来，挂在竹竿上，作为临时宴饮的幕帐，真是悠闲雅致。

64.“曲水流觞”缘何成为文人雅会？

魏晋以来，上巳节固定在农历三月三，辟邪迎祥的“祓禊”，逐渐演化为游春宴饮的“修禊”。

永和九年（353）三月初三，晋代贵族、会稽内史王羲之携亲朋好友谢安、孙绰等四十余人，在会稽郡山阴城（绍兴）兰亭举行修禊仪式后，于兰亭清溪两旁宴请各位雅士。大家席地而坐，将盛了酒的觞放在溪中，由上游浮水而下，觞停到谁的面前或在谁面前打转，谁就得即兴赋诗并饮酒。据史载，在这次游戏中，有十一人各成诗两篇，十五人各成诗一篇，十六人作不出诗，各罚酒三觥。王羲之将大家的诗集起来，挥毫作序，写下了举世闻名的《兰亭集序》，被后人誉为“天下第一行书”。这就是我国历史上最著名的文人雅士的“修禊”活动，体现了文人墨客赋诗饮酒的好雅趣。正如吴自牧《梦粱录》云：“三月三日上巳之辰，曲水流觞故事，起于晋时。”

“曲水流觞”是上巳节派生出来的一种雅俗。“曲水”，指弯曲流动的水。“流觞”也指“流杯”。“觞”是古代的酒具，也就是酒杯，通常为木制，可浮于水中。也有铜制的，又称“羽觞”。因其比木杯重，玩时则放在荷叶上，使其浮水而行。这种游戏在汉代便有“引流行觞，遂成曲水”的记载。

65. 上巳节为何又是“曲江宴”最盛之时？

到了唐代，每年的新科考试发榜，恰逢上巳节前后。唐朝十分重视科举，发榜后皇帝就会在曲江园林——杏园举行盛大的宴会，赏赐那些新考中的进士，这个宴会便叫“杏林宴”，也叫“曲江宴”。在宴会上，新科进士临水宴饮，曲水流觞，赋诗作对。宴会前，还要请两位最年轻的英俊进士乘马到长安城采摘名贵的花，分发佩戴。因此这个宴会又叫“探花宴”，采花的进士称为“探花使者”。唐代诗人孟郊“春风得意马蹄疾，一日看尽长安花”写的就是此事。

有一年，曲江宴会结束后，进士们纷纷到慈恩寺游玩。其中一位进士心血来潮，把自己的名字刻在了雁塔下面的石壁上，后来形成了一种风尚，叫“雁塔题名”，这引起唐代新中进士纷纷效仿，都把雁塔题名视为一件非常荣耀的事情。大诗人白居易二十七岁考中进士，他就有诗写道：“慈恩塔下题名处，十七人中最少年。”

曲江是唐王朝的皇家园林，园内湖光山色，亭台楼阁，繁花似锦。在唐代，一个读书人从参加科举到进入仕途，有三场宴会必不可少，第一场是“鹿鸣宴”，通过乡试，取得举人资格才能够参加；第二场是“曲江宴”，通过礼部考试，高中进士，才有资格参加；第三场是“烧尾宴”，经吏部选拔之后，需要宴请亲朋好友，告之自己已经“神龙烧尾，直上青云”。在唐代，“曲江宴”最为隆重，“江头数顷杏花开，车马争先尽此来”，“归时不省花间醉，绮陌香车似水流”。曲江宴参加人数众多，宴饮活动丰富，已经超越了文人雅士追求的风雅娱乐生活，成为恭贺进士、攀附权贵的名利场。

66. 三月三缘何叫蟠桃会？

相传农历三月三日是西王母的诞辰。西王母俗称金母、王母、王母娘娘，其形象在《汉武帝内传》、《山海经》和《穆天子传》等古籍中都有记载。王母娘娘生日这一天，要举行盛大的宴会招待众仙，以蟠桃为主食，故称蟠桃会，也称蟠桃盛宴。

蟠桃是中国古代神话传说中的桃类食品，桃树为仙树，吃了蟠桃可延长寿命并增强法力。《西游记》第五回记载：蟠桃有三千六百株，分前、中、后三类，前面一千二百株，三千年一熟，人吃了可以成仙，体健身轻；中间一千二百株，六千年一熟，人吃了霞举飞升，长生不老；后面一千二百株，九千年一熟，人吃了可与天地齐寿，日月同庚。正因为王母娘娘的蟠桃有如此神功，所以众仙以被邀请参加蟠桃会为荣耀。众仙为西王母祝寿是天界的庆典大礼，各路神仙要十分注意行为举止，破坏规矩会受到严厉惩罚。在《西游记》中，卷帘大将（沙和尚）因在蟠桃会上失手打破了一个琉璃盏，就被罚落凡间；天蓬元帅（猪八戒）因为酒后骚扰蟾宫的嫦娥，被罚转世猪身。齐天大圣（孙悟空）也因为是弼马温地位低，不能参加蟠桃会而大闹天宫。

西王母的民间地位很高，每到三月三，不少道观都有王母娘娘的庙会，活动丰富。“三月初三春正长，蟠桃宫里看烧香。沿河一带风微起，十丈红尘匝地扬。”

67. 三月三缘何成为我国壮族最盛大的节日？

美丽富饶的壮乡，素有“歌海”的美誉。每年三月三歌节，壮族青年男女都要聚集街头或江边欢歌饮宴，少者几百人，多的达数千人或上万人，十分热闹。自 2014 年起，“壮族三月三”成为广西壮族自治区法定的传统公共假日，放假两天，三月三成为壮族最盛大的节日。

壮族三月三有上千年历史，早在宋代就已经流行。清代韦丰华的《廖江竹枝词》对此有精彩的描写，如第六首写道：“无因倾吐爱花情，挹颈联肩巧比声。唱到风流欢喜曲，娇娃春意一齐生。”这里所描写的就是男女青年聚会的歌圩，歌圩指壮族的歌会和歌节。壮族每年有数次定期的民歌盛会，如正月十五、三月三、四月八、八月十五等，其中以三月三最为隆重。歌圩通常由“游览歌”“见面歌”“邀请歌”“询问歌”“爱慕歌”“交情歌”“送别歌”等组成，歌词随便编唱，青年男女通过对歌建立一定的感情。关于三月三的缘起，壮族“刘三姐”的故事最打动人心。相传她经常用山歌揭露财主们的罪恶，歌颂劳动和爱情，财主们对她十分痛恨，有一年三月三，财主派人砍断了山藤，使刘三姐坠崖身亡。壮族同胞为了纪念刘三姐，就选择在这一天聚会唱歌，一唱就是三天，歌圩就此形成。

三月三作为壮族最盛大的节日，人们对歌谈情，还要祭祖。这一天还有包五色糯米饭、抢花炮、绣球传情、打扁担、打铜鼓、碰彩蛋等一系列活动，其中打扁担是用劳动工具体现劳动的快乐，十分接地气，深受壮族人民的喜爱。

68. 彝族三月三有哪些礼俗?

三月三也是我国少数民族彝族的重要节日。在贵州黔西、云南滇东一带的彝族同胞，每年三月三要举行“献山”。“献山”在彝语叫“米舍舍”，也指祭山。因为彝族的图腾为龙虎，三月是龙月，初三又属龙，因此每年三月三就成为祭祀山神的日子，彝语也叫“鲁红鲁尼”。大山养育了树木，树木涵养了水源，清水滋养了万物，彝族通过祭山教育子孙保护环境。

祭山仪式十分隆重，一般在山林的神树前举行。礼俗有以下几点：一是献供黑猪一头、红公鸡一只、白酒二至三缸；二是不论贫富贵贱，男女都能参加；三是由祭师用彝语主持祭礼；四是有祭天祭地、祷告等仪式，希望山神保地方平安；五是仪式结束后聚餐，所有祭山的人在山上就餐，饭菜都摆在地上，亲友席地而坐，喝酒吃肉，尽兴而归；六是祭师奠酒，等祭山的人走完，祭师一人留在山上，再给山神树祭奠酒，等到山雀没有叫声时才回家。我国各地彝族都有不同形式的祭山节，仪式虽有差别，但都体现出庄严的气氛，表达了祈求风调雨顺、五谷丰登、子孙昌盛、国泰民安的愿望。

69.“三月街”民族节为何成为我国白族最盛大的节日?

每年农历三月十五日至二十二日，是我国云南大理白族一年一度最盛大的节日——三月街民族节。“三月街”是一个地名，位于苍山洱海之间，地势广阔，风光秀丽。每年在三月期间举行云南西部最盛大的商贸集市，集市上人山人海，久而久之，这条街被称为“三月街”。

大理“三月街”，又称“观音市”，与佛教有关。远在唐代，大理为南诏国，与东南亚诸国往来密切，这时佛教传入。《白国因由》中记载：相传，救苦救难的观音菩萨制服了大理的恶魔罗刹，为了报答观音菩萨的功德，“年年三月十五日，众皆聚集，以蔬食祭之，名曰‘祭观音处’，后人于此交易，传为祭观音街”。《云南通志》中也记载：“观音市三月十五日，在苍山下贸易，集各省之货，唐永徽间至今，朝代累更，此市不变。知是观音入大理后，人至日烧香，四方闻风，各以货来也。”明代著名旅行家徐霞客也曾在1636年考察大理三月街，在其《滇游日记》中也有记录：“十五日，是日为街子之始，盖榆城（即大理）有观音街子之聚，设于城西演武场中……十三省物无不至，滇中诸彝物亦无不至。”可见，三月街传承千年，街市繁华不断。

关于“三月街”，大理还有一个美丽的传说：洱海边一个打鱼的小伙子娶了龙王的三公主，一年春夜，月亮特别美，三公主想起月宫中一年一度繁华的月街，就和丈夫骑着龙去赶月街，可月街的货只能看不能买，两人最后只好空手而归。于是夫妻商定每年在苍山脚下举办一个月街，让大家想买什么就买什么，由此也就形成了白族“天上有月街，地上三月街”的节日习俗。“三月街”不仅可以交易货物，还举行赛马等多彩的文体活动。

【肆】

清明时节雨纷纷

——寒食节、清明节、谷雨节礼仪

70. 寒食禁火的习俗和讲究有哪些？

寒食节又称“百五节”，是因为这一天在冬至节气后的第一百零五日。又因为这一天要禁火、吃冷食，所以也叫禁火节、寒食节，距今已有两千六百多年的历史。

为什么寒食节要禁火呢？有几种不同的说法：一是为了纪念介子推。因为介子推被火烧死，晋文公重耳下令禁火吃寒食，以寄哀思，所以有了寒食节。二是源于古代的改火习俗。古人不但有对火的崇拜，也有对大火星的崇拜。对火的使用要按一定的政令执行，在《周礼·夏官》中记载：“司爟，掌行火之政令，四时变国火，以救时疾。”注曰：“春取榆柳之火，夏取枣杏之火，季夏取桑柘之火，秋取柞楢之火，冬取槐檀之火。”也就是说，我国古代的政令要求每个季节使用不同的木材，才能使得万木皆可平衡生长，符合天意。春天是榆木和柳木，夏天是枣木和杏木，季夏是桑木和柘木，秋天是柞木和楢木，冬天是槐木和檀木，时序更替要将旧火熄灭，重新取火。

每次换火之前，都有一个停火的时间段，这段时间只能吃提前准备好的冷食，不能点火做热饭。三是源于担心引起火灾。寒食季节林木干燥，春雷阵阵，容易引起山林起火，所以要禁火。

古代寒食禁火比较严格，时间有三日、五日、七日不等，也曾有禁火一月之久的，造成了“老小不堪，岁多死者”（《后汉书·周举传》），后改为民众可以吃“温食”。

71. 清明古代缘何要赐新火?

由于寒食节在清明节气的前一两日，寒食禁火两日后，第三天就是清明节。到了清明这一天，要改换取火的木材，也叫改火，即将旧木的火种熄灭，点燃新木的火种。这一天皇帝要给大臣赐新火，以示皇恩浩荡。

我国周代就开始“赐新火”，但最盛还是在唐代。唐代赐新火非常流行，在《唐会要》中就记载：“清明取榆柳之火以赐近臣。”唐代韩愈《寒食直归遇雨》就有“惟将新赐火，向曙著朝衣”的诗句。春季赐火为何要用榆柳之火呢？据《周礼》讲，榆柳象征青色，顺阳气。皇帝给近臣赐火，是承袭古代风习，以示荣辱、图吉利、求祥和。唐代窦叔向《寒食日恩赐火》一诗写道：“恩光及小臣，华烛忽惊春。电影随中使，星辉拂路人。幸因榆柳暖，一照草茅贫。”这位被赐火的窦叔向，当时仅是溧水县的一个小县令，也能感受皇帝的“恩光”，一束新火让这个小县令家宅蓬荜生辉，可见唐代赐火的范围是比较广的。

宋代延续了唐代清明赐新火的传统，北宋大文豪欧阳修也有《清明赐新火》一诗，诗中写道：“鱼钥侵晨放九门，天街一骑走红尘。桐华应候催佳节，榆火推恩忝侍臣。”桐华即桐花，也是清明之花，“榆火推恩忝侍臣”也写尽了被赐新火的荣耀。元代也有“赐火”诗，元人仇远《和韵胡希圣湖上》有“赐火恩荣皆旧梦，禁烟风景似初秋”。明清时期，“赐火”之俗逐渐淡去。

清明赐火是古代一年中重要的改火、换火仪式，由于帝王亲自参与赐火，更显庄严神圣，成为群臣期待的荣耀。用现代理念来看，这也是古人生态循环保护的一种方式，让各种树木都有休养生息的时间。

72. 寒食节缘何要祭介子推？

介子推是我国春秋时期的一位忠君良臣，也是寒食节的代表人物。寒食节通过祭祀介子推这样一位忠君仁义、不慕功名利禄、富有高尚气节的人物，弘扬了“富贵不能淫，贫贱不能移，威武不能屈”的优秀传统文化精神，进而提升了寒食节的教化作用。

介子推是春秋时期晋国（今山西）人，后人尊为介子。春秋时期，晋国发生内乱，晋献公宠妃骊姬欲废掉太子申生，改立自己生的奚齐为太子，于是陷害太子申生致死。公子重耳为避祸而逃亡，随行五人中就有介子推。介子推随重耳在外逃亡十九年，风餐露宿，备尝艰辛，为重耳继承王位立下了汗马功劳。最让人感动的是“割股充饥”的故事。一日，重耳逃到卫国的荒野，由于断粮多日，饿得晕了过去。介子推见状，狠下心来将自己腿上的肉割下一块，与野菜一起煮汤给重耳吃。重耳喝汤醒来后，得知真相，大受感动，表示有朝一日做了君主，一定要重重回报他。十九年后，重耳成为晋文公，他遍赏功臣，却独独忘了介子推一人。可介子推没有对晋文公心怀怨恨，也不贪图功名利禄，而是悄悄地带着老母亲隐居到绵山深处，成了一名不食君禄的隐士。晋文公得知介子推之事，后悔不已，一定要让介子推出山为官，但屡遭推辞。最后，为逼介子推出山，晋文公下令放火烧山，介子推宁死也没有出山。

公元前635年，晋文公领着群臣来绵山祭奠介子推，并颁令禁火吃寒食。后人十分敬仰介子推，在绵山上修了介子推庙，还将绵山改为介山，每年寒食节都要举行隆重的祭祀典礼，届时介山周围的百姓都来祭拜，以表达对介子推这位义士的敬仰之情。

73. 寒食节缘何吃“燕儿馍”？

寒食节主要在我国北方地区流行，其食俗中有一种叫“燕儿馍”的食物最为流行。山西、陕北一带叫“子推馍”，一听就与寒食节的代表人物介子推有关。由于寒食与清明仅差一两天，“子推馍”与“燕儿馍”一样，不仅是寒食节的食品，也是清明节的食品。

在陕北绥德一带，“子推馍”个头较大，类似古代武将的头盔，重约250~500克，里面包鸡蛋或红枣，上面有顶子。顶子四周是几个小馍，形状有燕、虫、蛇、兔或文房四宝，圆形的子推馍是专给男性的，已婚妇女吃条形的“梭子馍”，未婚的姑娘则吃“抓髻馍”。当地百姓常将各种小面花用细麻线串起来，挂在树枝上风干，这样可以一直保存到清明节。

在陕西渭南合阳一带，蒸的是“燕儿馍”，其名字源自《诗经》“玄鸟生商”，“玄鸟”就是燕子。合阳是知名的花馍之乡，“燕儿馍”是合阳人寒食节、清明节的重要食品。“燕儿馍”造型酷似燕子，因“燕子思家”，以此表达后人不忘祖先，时刻思念亲人之情。各家祭祖上坟，都要用四个“大燕馍馍”当祭品。“燕儿馍”还有一个名字叫“寒燕儿”，因为早春时节春寒料峭，燕儿归来，故称“寒燕”。这种“燕儿馍”，仅一寸见方，造型多样，如十二生肖、瓜果、花卉造型。制作完成后，要先用一根柔软的柳条把它们串起来，悬挂在屋顶棚上，展示欣赏，之后再让小孩子们一个个摘下来品尝。燕儿馍是孩子们最喜欢的寒食节佳品。

74. 为何说清明是中国人的祭祖大节？

冬去春来，草木萌生，清明节是中国人一年中祭扫先人坟墓的重要日子，也称墓祭。与其他传统节日的祭祖不同，清明节人们要亲自去墓地扫墓，给祖先坟墓铲除杂草，添加新土，举行隆重的祭祀仪式。

中华民族自古就有礼敬祖先的传统，祭祖按时间可分为春秋两祭，春祭就在清明节，一般祭拜的是直系祖先。秋祭则在重阳节，祭奠的是宗族共同的先人。清明春祭是对祖先的“思时之敬”，也是“民族扫墓节”。清明祭祖扫墓，是敦亲睦族、行孝报德的具体表现。中国人都有清明回乡扫墓的礼俗，慎终追远，不忘先人。“慎终”是为了“礼敬祖德”，“追远”是为了“民德归厚”，也就是永怀初心，不忘故土。清明祭祖有墓祭、祠堂祭、族祭、公祭始祖等。人们缅怀先人，祭祀先祖，是对生命的尊重、对历史的敬

三月三与清明节　李运正　撕纸画

畏，是为未来的继续前行提供动力。

在我国传统节日中，祭祖是清明节最核心、最突出、最浓厚的主题，祭礼是中国人的大礼，也是吉礼。天地君亲师，“亲”在中国人的心中，地位是很重要的。中国人以家为重，家庭、家族是中国人最核心的生存圈，也是血脉相连的根基。祖先则是一个家族的精神标志，因此，祭祀祖先一方面表达的是孝道和对先人的思念之情、感恩之心，另一方面，在古人的信仰里，祖先与子孙后代的兴衰祸福也有莫大的关系，祭祀祖先是为了祈求祖先灵魂的护佑。

中国人祭祀祖先，是为了不忘祖先遗志，谨记谆谆教诲，继承优良传统，克服重重困难，勇毅前行。

75. 清明的祭祀缘何是吉礼？

清明是祭祀祖先的节日。在我国古代，人们将礼仪划分为五种，分别为吉礼、凶礼、军礼、宾礼、嘉礼。吉礼包括对天神、地祇、人鬼的祭祀典礼，祭天、祭地、祭祖、祭圣贤都属于吉礼。

祭礼是指古代祭祀的仪式，《礼记·檀弓上》说：“祭礼，与其敬不足而礼有余也，不若礼不足而敬有余也。”意思是举行祭礼，与其缺少敬意，却礼仪详尽，不如礼仪欠缺，而充满敬意。礼的核心是敬，要体现的内涵就是人与天地之间的情感，通过庄严的礼仪让人以正确的方式和行为，维系彼此的关系和社会的稳定。中国古代的宇宙观是天地人，《礼记·礼运》称：“夫礼，必本于天，殽于地，列于鬼神。”《史记·礼书》也说：“上事天，下事地，尊先祖而隆君师，是礼之三本也。”祭祀有严格的等级，祭天是君王的专祭，诸侯大夫只能祭祀山川，士族则只能祭拜祖先和灶神。“祭”侧重向天地、祖先汇报，“祀”则侧重祈求天地、祖先给予教诲、启发。通过祭祀，趋吉避凶、趋福避祸，所以祭祀属于吉礼。

与“吉”相对的是“凶”，我国的“凶礼”是对各种不幸事件的吊唁哀悼，包括丧礼、荒礼、吊礼、禬礼、恤礼等。丧葬之礼要按照名分进行服丧，古人以三年为期守孝。荒礼是遇饥荒、瘟疫之变故时，应采取有关的救济之礼。吊礼指发生水旱、地震之灾进行慰问的礼仪。禬礼是指别国遭受动乱而实行救助之礼。恤礼是指对遭遇不幸的国家的抚恤之礼。

清明节祭祀祖先属于吉礼，强调慎终追远，心怀敬意，以趋吉避凶。

76. 唐代《开元礼》对祭礼有何贡献?

从唐代开始，寒食清明扫墓祭祖的习俗开始在民间流行起来。在唐开元二十年（732），唐玄宗颁布敕令，正式将寒食祭扫之礼列入礼法。《唐会要》中记载：“寒食上墓，礼经无文，近世相传，浸以成俗。士庶有不合庙享，何以用展孝思？宜许上墓，用拜扫礼，于茔南门外奠祭，撤馔讫，泣辞，食余于他所，不得作乐，仍编入礼典，永为常式。”因为唐代百姓在寒食清明扫墓时，顺便在野外踏青，往往在坟前就餐，没有礼法约束，于是官府专门制定了礼法进行引导，要求祭奠完祖先作别，剩余的食物要另外选址聚餐享用，并且不能有娱乐之行为。

说到礼法改革，不得不提唐《开元礼》，这是我国礼制史上具有里程碑意义的一部著作，《开元礼》成书于开元二十年，分吉礼、凶礼、军礼、宾礼、嘉礼五礼，共一百五十卷。书中以皇帝为中心，对祭天、祭祖等礼仪制度进行了一系列的规范，如祭祀所用的牲器、玉帛、陈设以及祭祀前的斋戒等，均进行了严格的规定。另外皇帝、皇太子视学时的礼节，皇帝狩猎的礼仪，皇帝出征的礼仪，边疆的藩主来朝皇帝如何接待宴请、接受他们的上表和贡品的礼仪，还有皇太子纳妃、亲王纳妃、公主出嫁等庆典礼仪，在书中都有规定，可谓内容广博，十分详备。

上起帝王，下至百姓，《开元礼》对社会各阶层都提出了礼仪要求。它以封建帝王为中心，将礼仪规范纳入国家公制，统治者通过礼制加强了对百姓的思想控制，其颁布施行对后世宋明理学影响很大。

77. 清明扫墓的时间应该怎么安排?

清明节扫墓是中国人的传统习俗。清明祭扫的时间是有讲究的，民间有谚语：“早清明，晚十一。”意思是说清明节祭祀祖先要早，这个“早”有两种含义：一是指祭祀的时间要提前，越早越好，体现出对亲人的思念之情，不一定要等到清明节那一天才去祭扫。二是要赶在早上，也就是上午去祭扫比较好。由于墓地大多离居住地比较远，最好能在下午三时前完成祭扫。

我国地域广大，南北各地民风民俗不同，但清明节祭扫礼俗是基本一致的，上坟祭扫的日期范围一般为“前三后四”“前七后八”。按照礼俗规定，清明节上坟要以清明节这一天的前三天或后四天为界，即清明前后的七天范围内比较正常。如果碰上极特殊的情况需要提前或延后，也有礼俗的规定，那就是“前七后八”，在清明节的前七天或清明节的后八天进行祭拜。如果超越了这个界限，就会遭到非议。

78. 清明的祭品有何要求?

清明节祭扫必须带上供品，通常是带上先人在世时比较喜欢的食物来上供，表达心意。古人祭祀的理念是“丧尽礼，祭尽诚，事死者，如事生”，讲究对待逝去的亲人要像生前一样，供品要精心挑选，不可马虎。

中国人上坟的供品讲究单数，一般是三样或五样。按照我国的阴阳学说，单数是阳数，双数是阴数。古代烧香敬神都烧三炷香，一敬天、二敬地、三敬祖先，三香代表三界。单数为阳、为生，表示生生不息、变化无穷，《道德经》也有“道生一，一生二，二生三，三生万物”之说。

清明节供品以素食、水果、点心、干果、酒水为主。北方上供的五样菜，有香菇（寓意香火旺盛）、豆腐（寓意福到吉祥）、佛手瓜（寓意神佛保佑）、韭菜（寓意酒菜丰盛）、鸡蛋（寓意天天吉祥）。也有供荤食的，诸如红烧肉、鱼、鹅之类。南方必不可少的是青团，有思念之意。酒也是向先人祭拜必备的物品。

79. 清明节荡秋千的习俗是怎么来的?

在中国古代，人们过清明节除了讲究寒食禁火、扫墓祭拜、游春踏青，还会开展荡秋千、蹴鞠、打马球等一系列风俗体育活动。相传这是为防止寒食冷餐伤身，人们通过参与体育活动以锻炼身体。其中，荡秋千是我国古代清明节的一项重要体育活动。

关于秋千的起源，有一种说法认为是由古代北方少数民族山戎的一项习武活动衍变而来的。《古今艺术图》中说：“秋千，本北方山戎之戏，以习轻趫者。后中国女子学之，乃以彩绳悬木立架，士女炫服，坐立其上推引之，名曰秋千。” 另一说法源于汉武帝时代。汉武帝在皇宫后院祈祷千秋之寿，令宫女耍绳戏为乐，本为千秋，是祝寿之词，后世倒语称为“秋千”。与此说相关，明人陈卧子有诗句：“禁苑起山名万岁，复宫新戏号千秋。”

随着时间的发展，到元、明直至清朝，清明荡秋千的习俗已十分盛行。

80. 祭祖扫墓如何行叩拜礼？

清明节祭祀祖先是我国的传统习俗，表达的是对先人的无限敬仰。正如学者冯友兰所说：“行祭礼的原因不再是因为相信鬼神真正存在……只是祭祀祖先的人出于孝敬祖先的感情，所以礼的意义是诗的，不是宗教的。”尽管清明祭奠的酒祖先未能喝到，但人们通过这种庄重的礼敬，表达了对祖先的感恩与缅怀。

清明祭祀祖先有严格的礼仪流程，不能随意而为，失去敬畏之心。据考证，要先修整、清洁祖先坟墓的环境，将墓园墓碑打扫干净；再将水果、糕点、酒水集中摆放，蜡烛在墓碑两侧点燃，先点右侧，再点左侧；后按照长幼顺序，在坟墓前供三根香，右手持香，左手插香，从右向左逐根插好，两根香间距约为一寸。祭祀祖先要行叩拜礼，双膝跪地，上身匍匐，将双手合于胸前叩首。一般是三叩首，每叩一次须挺身后再叩。而“三拜九叩首”则是古代帝王祭祀或臣子朝拜帝王之礼，一拜三叩，三拜自然就九叩了。祭祖要心怀恭敬，行为得体，长幼有序，进退有礼。行祭礼时，一定要虔诚从容，不可匆匆而就，行礼后要倒退三步，再转身离开。

祭拜后，还要分享供品。古时民间认为祭祀过祖先的供品对子孙有好处，一定要“分胙”，“胙”就是祭肉。因为寄寓着祖先的关爱和福祉，分胙能够得到祖先的保佑和庇护。分胙是祭礼的高潮，祖考嘉享，备膺五福。

81. 祭祀扫墓穿衣有何讲究？

清明祭祖扫墓，缅怀先人，追念过往，一切都要讲究礼节。其中，穿衣配饰要特别注意。

首先，祭祀时不能穿太过鲜亮的衣服，忌讳大红大紫。我国是讲究衣冠文明的国度，祭祀扫墓是一件十分肃穆的事，祭祀祖先宜穿正装，无论是外衣、内衣或配饰，都不能出现红色。中国人讲究红白喜事，喜事用红色，丧事用白色，祭祖虽为吉礼，但不能出现红紫，否则会给人不严肃、不懂礼数之感，对祖先有大不敬之嫌。其次，祭祖时女性应避免穿高跟鞋。因为我国墓地多建在郊区或山上，还有不少墓地台阶多，女性穿高跟鞋有安全隐患，建议穿运动鞋或平底鞋。最后，避免过于暴露和夸张的装扮。清明祭祖是孝敬祖先，穿着要朴素，以素色、黑色、灰色为宜，不宜穿过于暴露的衣服。

总之，祭祖主要是表达生者对祖先的敬仰，还要行跪拜礼或鞠躬礼，衣着以简洁大方为宜。

82. 清明扫墓为何严禁嬉闹？

清明扫墓祭祖庄重严肃，有严格的语言和行为规范，举止需要十分谨慎。

首先，在祭礼中不要随意发表意见。祭祖是一个礼仪有序的行为，一定要按照家庭、家族安排好的礼序进行，长幼有别。不要随意发表意见，也不要随意加入自己的想法，尤其不要在祭祀时乱说话，这样不仅不礼貌，也容易造成尴尬。其次，祭祀扫墓不要非议先人。坟地是祖先的安息之地，不要在这里对祖先评头论足，更不能在这里非议先人，要心怀敬重，给逝者以尊严。最后，祭祖前后不要嬉笑打闹。清明祭祀扫墓一定要肃穆安静，不能大吵大叫、追逐打闹，带孩子的家长更不能在这里训斥谩骂小孩，这些都是有扰祖先陵寝清静的行为。

如今清明扫墓大都在公墓进行，有的公墓地方比较狭窄，因此扫墓祭拜时一定要善待公墓的邻里，千万不要踩踏周边他人墓地。

83. 墓祭、遥祭、诗祭有何不同？

清明节是一年中最重要的祭祀祖先的节日，核心是归乡扫墓，也就是墓祭。对于墓祭，《晋书》记载：“古无墓祭之礼。汉承秦，皆有园寝。”也就是说，上古之时，不建坟墓，所以没有墓祭。到了秦代，秦始皇大修陵园，才有了墓祭之礼。汉代继承的是秦制，皇帝自登基之时就开始修建陵园，于是墓祭成习。墓祭是要亲自到墓前祭祀。

对古人来说，清明墓祭是衡量一个人是否孝敬的重要标准。在我国唐代，官府要给官员假期，让其远赴家乡祭扫祖坟，有的官员因为路途遥远，清明回乡祭祖要花费长达一个多月的时间。即使如此，大家也不敢有丝毫的马虎。如果没有极其特殊的理由，每个人都必须进行一年一度的清明祭祖。如逢战乱、瘟疫等不可抗之因素，就选择另一种祭祀的礼仪——遥祭，就是在异乡朝着故乡的方向进行祭拜，表达一片思乡孝心。

遥寄是向远方行祭礼，《周礼·春官·大宗伯》载：“则旅上帝及四望。”唐贾公彦疏：“不可一往就祭，当四向望而为坛遥祭之。”也就是说既然不能前往墓祭，祭礼仍然要举行，可就地设坛，向着故乡方向进行遥祭。清明遥祭可选择家中附近或野外设坛行祭礼，一定要向着故乡的方向，举香作揖恭请先祖享祭。有条件的，可以在野外朝着故乡方位设置祭台，摆放供品，焚香烧纸，献祝文，参祭成员一同行跪拜礼或鞠躬礼。

遥祭也是远寄，是在遥远的他乡寄托一片赤子之心。遥祭最有看点的是诗祭，身在异乡为异客，每逢佳节倍思亲。每到清明，远离家乡的游子，只能以诗寄怀，通过遥祭表达自己对故乡的思念和对祖先的感恩，因此清明的诗很能打动人心。近代著名的爱国人士于右任先生，是陕西三原人，晚年羁留在我国台湾，隔着一湾浅浅的海峡，不能回到大陆与亲人团聚，只好以遥祭的形式，写下了感人至深的爱国诗篇《望大陆》：“葬我于高山之上兮，望我故乡；故乡不可见兮，永不能忘。葬我于高山之上兮，望我大陆；大陆不可见兮，只有痛哭。天苍苍，野茫茫；山之上，国有殇！”故土之思，黍离之悲，怀乡思国之情溢于言表，是一首触动华夏儿女灵魂深处的绝唱。遥祭因为诗祭而情感沉郁，诗祭因为遥祭而思想深远。

84. 清明节公祭轩辕黄帝大典有哪些礼仪？

黄帝是中华民族的人文始祖，五帝之首，居轩辕之丘，建都于有熊，故称轩辕，也称有熊氏。史载黄帝有土德之瑞，土居五行之中，为黄色，故号黄帝。相传他在位期间，播百谷草木，始制衣冠、建舟车、制音律，作《黄帝内经》等，有众多发明创造，“治五气，蓺五种，抚万民，度四方”，可谓功勋赫赫，日月可彰。“黄帝崩，葬桥山”，黄帝陵位于陕西黄陵县，祭祀黄帝的传统已绵延 4000 多年。汉武帝于元封元年（前 110）冬巡边，“祭黄帝冢桥山”，修筑了汉武仙台。东汉刘秀、唐代宗李豫、宋太祖赵匡胤、明太祖朱元璋、清康熙帝等，都祭祀过轩辕黄帝。

祭祀黄帝陵的民祭仪式是国家级非物质文化遗产，但影响最大的是每年清明节黄帝陵的公祭仪式。以 2022 年为例，公祭仪式全名为“壬寅（2022）年清明公祭轩辕黄帝典礼”，由陕西省人民政府与国务院侨务办公室等联合主办，邀请国家领导人、各省市（自治区）代表、港澳台同胞、海外侨胞上万人参加。全球华人齐聚黄帝陵，深切缅怀中华民族人文始祖轩辕黄帝，以“弘扬中华优秀传统文化，贯通民族发展血脉，铸牢民族共同体，增进民族凝聚力，继往开来，勇毅前行，共同谱写中华民族伟大复兴新篇章”为主题，凝聚海内外中华儿女的精神。

公祭仪式共九项仪程：第一项，全体肃立、击鼓鸣钟。击鼓 34 响，象征 34 个省级行政区；鸣钟 9 响，象征中华民族对人文始祖的最高礼敬。第二项，唱《黄帝颂》。歌颂黄帝功德，由演出团体演唱。第三项，敬献花篮。分别由国家领导人、陕西省领导、港澳台代表等依次向轩辕黄帝像敬献花篮。第四项，恭读祭文。由陕西省人民政府省长恭读。第五项，向轩辕黄帝像行三鞠躬礼。全体祭祀人员一起行三鞠躬礼。第六项，乐舞告祭。以大型祭祀黄帝乐舞表演，表达对轩辕黄帝功德的敬仰。第七项，龙飞中华。一条巨龙腾空而起，飞向蓝天，象征中华民族的腾飞。第八项，瞻仰轩辕殿，拜谒黄帝陵。全体祭拜人员一同拜谒黄帝陵。第九项，种植桥山柏。华人、华侨在黄帝陵植树纪念。总之，公祭仪式隆重热烈，成为具有广泛影响力和感召力的民族盛典，也成为全国公祭始祖典礼的典范。

我国黄帝遗迹众多，祭拜也各有特色，其中河南新郑市每年农历三月三举行的“黄帝故里拜祖大典”影响也很大。

85. 清明节缘何要提倡“慎终追远”？

清明节多次提到“慎终追远”，究竟是什么意思呢？这句话对于清明节有什么特别的意义呢？

“慎终追远”是个成语，出自《论语·学而》：“曾子曰：‘慎终追远，民德归厚矣。’”翻译成现在的话就是，曾子说：“谨慎地对待父母的去世，追念久远的祖先，自然会培养出忠厚老实的百姓。”这里的“终”指的是人去世，“远”指的是祖先，“慎终”就是慎重地办理父母的丧事，“追远”就是虔诚地祭祀祖先，即谨慎从事、追念前贤。

曾子是孔子的得意门生，倡导“孝恕忠信”的儒家思想，提倡“内省慎独”的修养观、“以孝为本”的孝道观，被后世尊为“宗圣”。曾子提倡居丧尽礼节、祭祀尽虔诚，孔安国说：“慎终者，丧尽其哀；追远者，祭尽其敬。”中国人在清明节祭祖的意义，就是倡导这种慎始而敬终、行稳而致远的态度。心怀敬畏，才能慎始敬终；心怀初心，才能方得始终；心怀感恩，才能勇毅前行、笃行不怠。

86. 柳为何成为清明节的标志物?

清明节春光明媚，绿树成荫，有一个习俗就是戴柳、插柳。种植柳树在中国已有 4000 多年的历史。柳树易繁殖，生命力强，垂柳、旱柳、白柳等都极具代表性。柳在中国人的心中是“鬼怖木”，具有“辟邪”的功能。北魏贾思勰在《齐民要术》中就说：“取杨柳枝著户上，百鬼不入家。”柳插到哪里，就活到哪里，故俗谚有“有意栽花花不发，无心插柳柳成荫”，就是指柳树强大的生命力。

因“柳”与“留”谐音，便有了三层含义：一是表达惜别之情，如《诗经·采薇》中就有“昔我往矣，杨柳依依”；二是表达祝愿之情，“折柳赠别”就蕴含着“春常在”的美好祝愿，希望离人能像柳枝一样可随处生根发芽；三是表达挽留之情，如长安灞桥折柳赠别的传说，李白《忆秦娥·箫声咽》中“年年柳色，灞陵伤别”的诗句，便深刻表达了折柳送别的伤心不舍。李白还有不少写折柳的诗句，如“此夜曲中闻折柳，何人不起故园情”，明代郭登有诗《送岳季方还京》，其中写道“年年长自送行人，折尽边城路傍柳”，都将古人折柳的复杂心情生动地表达了出来。

也有人说，插柳是为了纪念介子推被烧死在山中的枯柳树下，是为介子推“招魂”的；戴柳是为了踏青迎春、象征吉利，故有“清明不戴柳，红颜成皓首”之说。总之，柳是清明节极具代表性的标志物。

87. 寒食清明缘何吃青团?

由于我国北方农作物以小麦为主，寒食、清明所吃的“子推馍”“燕儿馍”，都与麦子有关。而我国南方的农作物是以水稻为主，寒食、清明吃的便是另外一种食品——青团。关于吃青团的来历，与祭祀介子推不同，有祭祀大禹、祭祀李秀成等不同说法。

相传大禹治水十三年，三过家门而不入，平息了水患，深受太湖之畔的苏州人的敬仰爱戴。有位年轻的后生，见清明节人们祭祀大禹的祭品与大禹的品格不匹配，于是与大家商量用艾草汁水和糯米粉一起做成青团，以敬大禹治水之恩。因为青团不仅有代表春天的青绿色，更有一种清香扑鼻的味道，与这个季节十分相配。久而久之，相沿成习。另一种说法比较晚，据说发生在太平天国时期，有一年清明节，起义领袖李秀成在一位农民的帮助下躲避了清兵的追捕，那位农民还将青团混在青草里，躲过哨兵的搜查，给他送了去。后来，李秀成下令太平军学会做青团以求御敌自保，于是青团开始在清明节流传开来。

总之，我国南方人吃青团，也是为表达思念之情，青团后来逐渐演化为寒食节、清明节祭祀祖先的食品。青团的制作大同小异，主要采用青艾汁、浆麦草，或其他绿叶蔬菜汁和糯米粉捣制，再以豆沙为馅而成。青团油绿如玉，糯韧绵软，清香扑鼻，是一种天然的绿色小吃。同时，艾草有平喘、利胆、消火、驱寒、抗菌等作用，是一种有助健康的食品。

88. 为什么清明节北方要吃馓子、南方吃乌稔饭?

清明节我国北方还有一种冷食叫馓子，是一种极其酥脆的油炸食品，多用面食制作而成，香脆味美，很受北方各地群众的喜爱。

馓子古代也叫“寒具”，因在寒食节食用而得名。“寒具”在周代就出现了，是周代的祭祀供品。因为古代“馓”与“撒”不分，故“馓子”也被叫作“撒子角”，撒子角是古代的一种刑具，用绳子穿着五根小木棍制作而成，施刑时套在指上收紧，油炸馓子的形状就像古代这种刑具的模样。南北朝时期，“寒具”改叫“环饼”，贾思勰《齐民要术》中载：“环饼，一名寒具”，油炸成金黄色即可食用。五代十国时期，金陵（南京）的“寒具”十分脆香，嚼之，声动十里。到了南宋，苏轼在《寒具》诗中写道：“纤手搓来玉数寻，碧油轻蘸嫩黄深。夜来春睡浓于酒，压褊佳人缠臂金。”可见，吃馓子的历史在我国由来已久。如今的馓子，层叠陈列，轻巧美观，九曲十弯，叫人喜爱不已。

馓子是用油面搓条炸制而成，主要营养成分是脂肪及碳水化合物，属于高热量、高油脂类食物，可以直接吃、水泡着吃、下火锅吃、炒菜吃、煮着吃、凉拌吃等。我国很多民族和地方都有馓子，如维吾尔族制作的油馓子就是风味独特的名点，在古尔邦节和肉孜节时，家家户户的餐桌上，都有一盘黄澄澄的多层圆柱形的油馓子，是招待客人的必备美食。我国回族、哈萨克族、东乡族也有做馓子的习俗。在各地的小吃中，也有滕州馓子、阆中馓子、淮安馓子等，种类繁多，名播远近。

乌稔饭主要出现于我国南方的福建闽东一带。乌稔是一种树木，在古代叫染菽，因为稔树叶里有花青素，因而其色青而有光。在唐代，每到寒食节时，人们采其叶染饭，可使米饭粒粒乌黑发亮，透着清香，不仅好吃，而且能够增补阳气，也被称为仙家之食。

乌稔饭也叫乌米饭，是闽东畲族人馈赠亲友的一道美味佳肴。我国畲族大多居住在福建、浙江等地区，福建畲族吃乌稔饭最早起源于三月三。传说在唐代总章二年（669），畲族民族英雄雷万兴率畲军抗击官兵，被围困山中，时值严冬粮断，畲军只得采集乌稔果充饥，终于在三月三这一天，雷万兴率军下山冲出重围。为了纪念这次突围胜利，畲军的一位厨师采回乌稔叶制成了“乌稔饭”，让全军上下饱食一顿，于是每年三月三就有了吃乌稔饭的习俗。后来这一习俗被纳入清明节，乌稔饭也成为清明节的佳肴。

乌稔饭制作并不复杂，先将乌稔叶洗净，放入清水中煮沸，捞出树叶，然后将糯米浸泡在乌稔汤中，浸泡 9 个小时后捞出，放在蒸笼里蒸熟即可。乌稔饭品种众多，有红鲟乌米饭、竹筒乌米饭、荷叶乌米饭、菠萝乌米饭、乌米卷、八宝乌米饭（甜、咸）等，今天也有人用紫米饭、紫菜饭代替乌稔饭。

89. 为什么说放风筝是“放晦气”？

风筝古时叫“鸢”，是春秋战国时期墨子用木材所造，后来鲁班把竹子做成喜鹊的模样，在空中飞翔三天之久而不坠，称“木鹊”。东汉时蔡伦改进了造纸术，随后便诞生了“纸鸢”。唐宋时，放风筝成为寒食清明常见的户外活动，有的人还在纸鸢上加了竹笛，风一吹就发出“呜呜”的声响，好像是筝在弹奏，于是就有了“风筝”的称谓。清明节春光明媚，是放风筝的好时节，正如清代诗人高鼎所写：“草长莺飞二月天，拂堤杨柳醉春烟。儿童散学归来早，忙趁东风放纸鸢。”

在古代，由于科学技术不发达，人们没有能力很好地抵御疾病，便祈求天赐好运，这种心理表现在放风筝上就是“放晦气”。人们将自己的名字写在风筝上，放到天上去，故意剪断牵线，让风筝飞走，认为这样就可以放走自己的“晦气”，以达到“消灾去难”的目的。正因为如此，古代放风筝也叫“放殃”。同时，不能捡拾别人放掉的风筝，否则会染上“晦气”。民间也把这种习俗叫“放断鹞”，让风筝把晦气、疾病通通带走。关于此，《红楼梦》中就有描写，李纨劝林黛玉放风筝说：“放风筝图的是这一乐，所以又说放晦气，你更该多放些，把你这病根儿都带了去就好了。”

如今放风筝已经成为人们放松心情的一种娱乐活动，同时也是一种很好的体育锻炼。因为放风筝要“迎风纳气”，这有助于调节视力、治颈椎病、降血压，当人们双目凝视于蓝天白云之上的飞鸢，便会荣辱皆忘，杂念俱无，非常符合传统医学的修身养性之道，可谓“鸢者长寿”，好处多多。

90. 三月二十三缘何要祭妈祖?

每年农历三月二十三，我国东南沿海地区都要举行盛大的祭祀妈祖的仪式，这是当地的民间海神信仰，形成了“有海水处有华人，华人到处有妈祖”的现象。目前，全世界有 47 个国家和地区建有上万座妈祖庙，有近 3 亿人信仰妈祖。

妈祖原名林默，福建莆田湄洲人，生于宋太祖建隆元年（960）三月二十三日。她自幼聪慧过人，过目成诵，年十六岁就能驱邪治病，济世救人，常在大海狂澜中救护难船，后来因为救助海难而死去。民间对这位勇敢无私的女性十分怀念，遂尊奉她为海上保护神。妈祖的封号经历了宋、元、明、清四个朝代，36 次褒封，身份从“夫人”“妃”“天妃”，一步步升高至“天后”“圣母”，并列入国家祭奠，有“辅国”“护圣”“庇民”三大功绩。据统计，历代皇帝对妈祖的封号，总共达到 600 多字，创中国神仙封号的最高纪录。

妈祖是集无私、善良、慈爱、英勇等中国传统美德于一体的精神象征，是中国海洋文化中最重要的“护航女神”，广大渔民在船舶上立妈祖神位供奉，出海前都要先祭妈祖，祈求她保佑一路顺风。妈祖本是海上的保护神，后来她的职能扩大到商业、手工业，甚至疾病治疗上，成为排难解厄的护佑神。

自宋代开始，祭妈祖的主要形式有庙祭、郊祭、海祭、舟祭、家祭五种。庙祭在妈祖庙内举行，规范严谨；郊祭在都郊、市郊设立祭坛，对妈祖进行遥祭；海祭在海边祭奠，包括祈福旗、海螺号、颂祭文、奏祭乐、献祭果、洒祭酒、敬鲜花、放海生等仪式；舟祭是指在船上供奉妈祖神像；家祭是指在家中设妈祖神位，逢初一、十五或妈祖诞、升天祭，进行焚香供拜。祭祀仪式中最盛大的是妈祖金身巡安，这是最高规格的巡游活动，也是妈祖民俗中最隆重的活动。

91.“祭仓颉”为何在谷雨举行？

谷雨是春季最后一个节气，谷雨有“雨生百谷”之意。相传仓颉造字之日，举国欢腾，感动上苍，使谷子像雨一样哗哗地降下来，吓得鬼怪夜里啾啾地哭起来。于是《淮南子》记载：“天雨粟，鬼夜哭。”谷雨之所以祭祀仓颉，就是因为仓颉造字肇始文明，感动了上天，使天降谷子雨，有惊天地、泣鬼神的意义。

谷雨时值暮春，“时雨乃降，五谷百果乃登”，樱桃红熟，正是人间好时节，也是祭祀仓颉的重要日子。仓颉，俗称仓圣，相传是轩辕黄帝时期负责造字的左史官。仓颉在先民结绳记事的基础上，仰观奎星环曲走势，俯瞰龟背纹理、鸟兽爪痕、山川形貌和手掌指纹，从中受到启发，呕心沥血数十载，根据事物形状创造了象形文字，被誉为“字圣”。仓颉所创的文字有六类：一是指事，如“上、下”；二是象形，如“日、月”；三是形声，如“江、河”；四是会意，如“武、信”；五是转注，如“考、老”；六是假借，如“令、长”。仓颉造出了文字，犹如雨水浇灌了百谷，使人类迈入了文字时代，从而冲破了鬼神的黑暗笼罩，点亮了世界的文明之光。

我国有关仓颉的遗迹很多，相传仓颉故里在陕西白水。据《仓颉庙碑》记载，白水仓颉庙早在汉延熹五年（162）已颇具规模，是一个有庙、墓、碑、柏的全国重点文保单位。谷雨祭祀仓颉礼仪也已有上千年历史，有金声振，钟鼓齐鸣；迎神位，恭迎文祖；沐圣光，服侍安放；献三牲，五谷丰登；上贡酒，心香一瓣等仪程。公祭活动在传统九规制的基础上，恢复了乐舞告祭环节，礼器更加精致，祭服、祭器、太牢礼所用的三牲也严格按照传统礼制的规定来准备。

92. 谷雨出海壮行有哪些仪式？

谷雨时节，海水回暖，百鱼上岸，正是沿海渔民休冬后下海捕鱼的好日子，故而有“骑着谷雨上网场”之说。我国山东荣成一带的渔民为了出海平安、满载而归，在谷雨这天会举行盛大的海祭，祈求海神保佑捕鱼顺利，因此谷雨又称为渔民出海“壮行节”。

祭海壮行是渔民十分重视的礼仪。谷雨这一天，渔民们要在海神庙或娘娘庙举行海祭，供品是猪头，还要准备鞭炮、香纸等，祭拜一番。到了晚上，渔民还要将祭祀过的供品抬到海边，在锣鼓声中，放焰火，向海中抛施舍（米饭、馒头），海上灯火一片，非常壮观。作为一种民间信仰，祭海寄托了渔民新的一年一帆风顺、渔业丰收的美好愿望。祭海期间，各渔村为此还要安排唱几天大戏，整个渔乡都沉浸在狂欢的节日气氛中。壮行之后，渔民扬帆起航，打下的第一网渔获大家要共分享。

山东青岛田横岛的祭海仪式最为盛大，增添了喝壮行酒等民俗表演。田横乃秦末起义领袖，刘邦统一天下后，田横宁死不愿称臣，率五百将士全部自杀。田横岛祭海仪式有精心制作的面塑，表达航行平安的寓意；三牲（黑毛公猪、红冠公鸡、海鲈鱼）还要披上“甲衣”；“太平文疏”则表达了渔民美好的祝愿。届时，鞭炮齐鸣、焚香烧纸、敬拜龙王、歌舞大礼，仪式在喝壮行酒时达到最高潮。

祭海是渔民对大自然的一种敬畏，是他们对未来收获的祈祷，也是促进邻里关系、团结一心凝聚共同力量的一项传统民俗活动。

【伍】

五月里来是端阳

——端午节礼仪

93. 缘何“恶月恶日”笼罩着端午节?

在我国先秦时期，人们普遍认为农历五月是“毒月”，五日是“恶日”，所以，五月初五端午节一直笼罩在“恶月恶日”的恐惧中，驱恶辟邪成为这个节日的主调。

关于五月是“毒月”，《吕氏春秋》中就有五月禁欲斋戒的说法，其中记载：“是月也，日长至，阴阳争，死生分。君子斋戒，处必掩，身欲静无躁，止声色，无或进，薄滋味，无致和，退嗜欲，定心气。”因为农历五月五日接近夏至，夏至日是阴阳开始交替的日子，即“阴阳争”，而死生与阴阳相对应，所以说端午正处于“阴阳争，死生分”的时节。阴阳的变化，带来温度与湿度的变化，人们容易患病。这也是五月被视为“恶月”的一个重要原因。正因为如此，这种观念在民俗上形成了许多禁忌。比如，忌讳晒席子、忌讳盖屋。民间有五月晒席子容易造成小孩夭折、五月盖屋时若在屋顶上看到自己的影子魂魄就会离开身体的传说。这些传闻没有科学根据，只不过是因为端午容易滋生疾病，不宜在户外暴晒而已。民俗禁忌造成了人们的心理恐惧，时间久了，就演变成端午不晒席、端午不盖屋的习俗。

《风俗通义》有："俗说五月五日生子，男害父，女害母。"民间传闻，五月五日出生的小孩对父母有不好的影响，要弃之不养。我国历史上几位重要人物，都是五月五日出生的，如孟尝君就是五月五日出生的，差点被父亲弃养，多亏了母亲偷偷将他养大。食客三千、鸡鸣狗盗，说的就是他的故事。再如宋徽宗，也生于五月初五，为了避讳，宋徽宗将自己的生日改为十月初十，并定这一天为"天宁节"。还有东晋末期的名将王镇恶，因生于五月初五，家人认为不祥，祖父给他取名"镇恶"，寓意是"镇"住五月初五之"恶"。实际上，五月初五只是大自然中一个阴阳转化的特殊日子，天气炎热，五毒群起，古人用"恶月恶日"来提醒人们要注意健康防护而已。

94. 我国传统节日为何最初都是"恶日子"？

节日指"节"，《说文解字》说："节，竹约也，从竹，即声。"本义指竹节，引申为物体各段之间相连的部分。《周易》有："艮为山……其于木也，为坚多节。"强调了"节"之"坚"。事实上，中华民族最初的"节日"都是"劫难日"，是一年中需要人们共同抵御的"恶日"，最终演化为集体的盛大欢庆日。

不仅五月五日端午节是"恶月恶日"，春节、重阳也是这样。传说春节前夜的除夕守岁仪式，就是驱"年兽之劫"，守岁就是为了战胜年兽。人们用燃放爆竹、贴春联、挂门神等形式，抹去"恶日"的恐惧记忆，使之成为阖家团圆的美好佳节。九月九重阳节的登高仪式，最初也是为了"躲灾"，为了"战胜瘟疫"，人们采用插茱萸、饮菊花酒、登高等形式，最终战胜了

“灾日”恐惧，使九月九脱离了“关坎”，驱散了“恶日”的阴霾，颜色也亮丽起来——重阳节成为登高望远、祈愿长寿的良辰佳节。

在传统节日由“恶”转“吉”、由黑暗转亮丽的过程中，祭祀礼仪起到了十分重要的作用。祭礼作为一种民俗礼仪，一直被中华民族视为“吉礼”，也是中华民族的共同遵循。节日文化之所以能够取得全民族范围的传播并约定成俗，核心就是有共同的精神家园。心灵相通才能理解我们共同的节日习俗，有共同的精神家园，才能一同感受我们民族节日里所蕴含的文化愿景、美好期盼，才能理解节日中应该遵守的禁忌和礼俗。

95. 端午为何强调“午”？

我国传统节日很强调时间，有“夕”时（傍晚）过的七夕节，也有“宵”时（夜晚）过的元宵节，更有“月圆”之时过的中秋节，总之，节日是讲究日子、讲究时辰的。正因为此，端午节也强调“午”。“午”指“午时”，就是“中午”（11 点—13 点）。“端”原义是“正”，“端午”即五月初五，指五月的第一个午日。按照古人天干地支的计时体系，五是阳数，午日也是“阳辰”，五月五谓之“重五”，故端午也称“端阳节”。在古人眼里，仲夏端午，苍龙七宿飞升于正南中天，处于全年最“正中”之位，《易经·乾卦》九五爻“飞龙在天”，所以端阳也是“飞龙在天”的日子。

“观乎天文，以察时变”，从天文到人文的转化，也是从时间之时开始的。端阳节属于太阳历，“一年分两节，两节分阴阳”。阴阳二气的变化，是“离离原上草，一岁一枯荣”的根本原因。五月五日午时，三“阳”相重，被视为“极阳”，所以端阳节也是一个驱除瘟疫的节日，万物至此皆盛，这一天也是一年里草药药性最强的日子。自古以来，端阳节就有打午时水、铸阳燧、草药水防疫、挂艾草、拴五色丝辟邪等一系列习俗。端午的水也叫

"极阳水""龙目水""正阳水"，阳气最盛，有"午时水饮一嘴，较好补药吃三年"之民谚。

96. 苏州端午缘何祭伍子胥?

在苏州，端午节祭的是伍子胥。伍子胥是我国春秋末期的著名军事家，比屈原的时代要早200年左右。苏州端午节起源比较早，祭祀伍子胥是吴越之地端午节的独特纪念方式。

伍子胥也叫申胥，是吴国赫赫有名的军事家、苏州的建城鼻祖。但伍子胥并不是吴国人，他原为楚国人，因为其父兄被楚平王无端杀害，于是伍子胥辗转逃到了吴国，成了吴王阖闾的重臣。公元前506年，伍子胥与孙武等一起带兵攻入楚都，楚灭。伍子胥为了报仇，干了一件令人震惊的事，他将楚平王的尸体从墓里挖出鞭尸三百。后来，吴王阖闾去世后，伍子胥却被新主夫差所猜忌。吴国攻打越国时越王勾践投降，伍子胥劝谏夫差一举消灭越国，但遭到了奸臣谗言，诬伍子胥有谋反之心。公元前484年，夫差令伍子胥自刎，伍子胥感叹道："我死后，你把我的眼珠子挖下来，放在吴国的都城门之上，我要亲眼看到这个国家灭亡。"吴王夫差听后非常气愤，下令将伍子胥的尸首丢入钱塘江，后来吴国果然被越王勾践所灭，吴王夫差也举剑自尽。

伍子胥在苏州是家喻户晓的历史人物。他能文能武，建造了周长47里的大城和周长10里的内城，没有伍子胥，就没有苏州古城，在苏州人民的心中，他具有崇高的历史地位。伍子胥还率众开挖了历史上第一条人工运河——胥江，胥江不仅缓解了吴地的水患，还便利了当地的漕运和灌溉，对当地百姓的生计发展有着十分重要的意义。正因为如此，吴地到处都留下了伍子胥的名字，吴地民众每年到五月初五端午节这一天都会到江心，将祭品丢入江中，来祭祀伍子胥这位城市英雄。

97. 绍兴端午缘何祭曹娥?

古舜江是钱塘江最大的支流，因东汉孝女曹娥投江救父，而改称曹娥江。在浙江绍兴上虞区，端午节祭祀的不是屈原，而是一位东汉的孝女曹娥。

曹娥（130—143）确有其人，在《后汉书·列女传》中有记载：“孝女曹娥者，会稽上虞人也。父盱，能弦歌，为巫祝。汉安二年五月五日，于县江溯涛婆娑迎神，溺死，不得尸骸。娥年十四，乃沿江号哭，昼夜不绝声。旬有七日，遂投江而死。至元嘉元年，县长度尚改葬娥于江南道傍，为立碑焉。”曹娥的父亲叫曹盱，是当地祭祀司祭礼的巫祝，在东汉汉安二年（143）五月五日，曹盱驾船在舜江迎潮神伍子胥，不幸掉入江中。曹娥沿江哭号着寻找父亲，未能找到，一周后竟然投入江中殉父。一个年仅 14 岁的女孩子投江殉父的事迹震惊了世人。于是，当地建曹娥庙，立曹娥碑，并将古舜江改为曹娥江，以纪念她的孝义。

后世历代皇帝以孝治国，更是以曹娥这位孝女为榜样，不断对她进行加封。宋元祐八年（1093），宋哲宗敕建高大辉煌的曹娥正殿，宋大观四年（1110），宋徽宗敕封曹娥为“灵孝夫人”。明代洪武八年（1375），朱元璋派官员赴庙祭奠，诚意伯刘基亲撰诔文。清代嘉庆十三年（1808），加封曹娥为福应夫人，同治四年（1865）又加封灵感夫人等。绍兴端午祭祀曹娥，就是为了弘扬孝道，使曹娥的孝行美德代代相传。

98. 屈原是端午最具代表性的人物吗?

在端午节有关的历史人物中，战国时期的伟大爱国诗人屈原，以“路曼曼其修远兮，吾将上下而求索”的精神和投江殉国的气概，成为历代仁人志士的人格榜样和中华民族的精神丰碑，最终超越伍子胥、曹娥等人物，成为端午节最有影响力、最具代表性的人物形象。因为有了诗人屈原，端午节也叫诗人节。

屈原是战国时期楚国人，生于丹阳秭归（今湖北宜昌）。早年，他深得楚怀王信任，任左徒、三闾大夫，兼管内政外交大事。他对内主张举贤任能，修明法度，对外主张联齐抗秦，其作为却遭到贵族大臣的强烈反对，遭谗流放。公元前 278 年，秦军攻破楚国郢都（今湖北荆州），屈原听闻后心如刀割，于是在农历五月初五，抱石投汨罗江殉国。传说屈原死后，楚国百姓哀痛异常，纷纷到汨罗江边凭吊屈原。屈原创作有《离骚》《九歌》《天问》等作品，后人评价《离骚》“逸响伟辞，卓绝一世”。他的创作奠定了中国浪漫主义文学的优良传统，标志着中国诗歌进入个人独创的新时代。

相比伍子胥、曹娥，屈原超越了这两个人物的历史局限，比如伍子胥为报私仇，将楚平王从墓里挖出进行“鞭尸”的行为，在历史上留下了“不仁”的把柄。千古孝女曹娥虽让人感动，但在忠孝为本的礼制国家中，境界似乎单薄了些。只有在屈原身上，国家兴亡与个人命运紧密地联系在了一起，有了屈原这样一个忠君爱国的伟大典范，更能鼓励民众团结一致，同舟共济，共赴国难。端午节因为屈原而成为一个爱国主义的节日，凝聚起整个中华民族的精神，成为中华民族精神力量的重要载体。

99. 祭祀屈原有哪些礼仪？

祭祀屈原是端午节很重要的一个礼俗，我国各地尤其是楚文化的诞生地湖南湖北，都以隆重的礼仪祭祀这位楚国的爱国先贤。

在湖南汨罗江，祭祀屈原仪式源于汉代，当地建有三闾大夫祠庙。南朝湘州刺史张邵亲临汨罗祭祀，并请颜延之作《祭屈原文》。唐天宝七载

（748），唐玄宗下敕重修屈子祠，命地方官“岁时致祭”，将祭祀屈原纳入朝廷祀典之列，此后一直延续。据《湘阴县志》载，清代每年五月四日地方官行三叩首礼，五日是祭日，设猪、羊各一，帛一，爵、簋、豆二十五件，内盛白酒、稻、粱四色米饭等食品。开祭时秉烛焚香，击鼓鸣金，鸣炮奏乐。主祭人唱祭文、穿蟒袍行三献爵六叩首礼，带有很浓厚的湘楚文化色彩。

端阳节与赛龙舟　李运正　撕纸画

在屈原的故乡——湖北秭归（宜昌），端午祭祀屈原仪式隆重而热烈，一般要过三次端午，五月初五是“小端午”，这一天要挂菖蒲、艾叶，饮雄黄酒；五月十五是“大端午”，这一天要举行盛大的龙舟竞渡；五月二十五是“末端午”，这一天要送瘟船，亲友团聚。在屈原故里秭归的三次端午中，祭祀屈原的礼仪一直贯穿始终，包括设坛祭拜、游江、龙舟竞渡、粽子寄情、乡里“闹晚”等仪程。在湖北武汉东湖的屈原纪念馆，礼仪是香祭屈原。湖北是中国香文化的发源地之一，楚人素有爱香用香的传统，屈原在《楚辞》中有大量将香草喻高洁之情怀的描写，他因此被誉为楚香的圣祖。端午节以楚香的香祭仪轨，来祭祀伟大的爱国主义诗人屈原，表达了荆楚人民对屈原的特殊礼敬。仪式中，有诵读祭文、天香祭祀等一整套的香祭流程。

100. 吃粽子是源于纪念屈原吗?

传说屈原投汨罗江后，楚国百姓为了不让屈原身体被鱼虾所吃掉，纷纷将饭团投入水里。后来屈原托梦给老百姓，说百姓投入江中的饭团实际上都被蛟龙所食。如果用楝叶包裹，再绑上五色绳，就可免遭蛟龙吞食，这才有了后来的端午节吃粽子的习俗。

据考证，粽子并非祭祀屈原时才有，早在春秋之前就已经出现，最初是祭祀祖先神灵的供品，到了晋代才成为端午节的节日食品。因此，关于粽子是祭祀屈原之说法，是后人将吃粽子与屈原的故事进行演化而来，粽子也借着屈原这个响当当的人物而家喻户晓，受到了广大民众的喜爱，由祭祀屈原的供品，演化成为端午节最具代表性的食品。千百年来，粽子伴随着端午节一路走来，盛行不衰，故有人也将端午节叫粽子节。

“粽”字古写为“糉”，在汉代许慎的《说文解字》中记载：“糉，芦叶裹米也。”到了西晋，在周处的《风土记》中明确出现了“角黍”一词，“仲夏端午，烹鹜角黍”。很显然，到了西晋才明确“角黍”为端午节的食品。包裹糯米的叶子有楝树叶、箬叶、芦苇叶等。楝树叶是苦楝的叶子，苦楝别名苦苓、金铃子，分布在黄河以南，是药用植物。而箬叶、芦苇叶都属于粽叶，南方多以箬叶为主，北方多以芦苇叶为主。粽叶有大量对人体有益的叶绿素和多种氨基酸等成分，气味芳香，用其作包裹让粽子更加好吃。《本草纲目》中载，粽叶具有清热止血、解毒消肿等作用。另外，粽叶还有防腐助保存的作用。粽子的馅料主要是糯米，后来加入了豆沙、枣子、核桃等，品种更加丰富。明清两代粽子成为吉祥食品，凡参加科举考试的秀才，赴考场前，家中特意包“笔粽”，样子很像毛笔，谐音“必中”，为的是讨个好口彩。

101. 粽子形状选择“角粽”有何寓意?

粽子最早的形状应该是“角黍”，“黍”是指黄米，性黏，属于一种旱地作物，叶长而尖。粽子形状很多，但“角粽”最具代表性，也最流行。那么，端午节选择“角粽”有什么寓意呢?

首先，“角粽”与祭祀屈原有关。传说最早汨罗江一带很流行这种形状的粽子，有尖角的粽子是当地老百姓的一项发明，一旦江中的鱼嘴巴碰到尖利的角，就会受伤，疼得不敢偷吃老百姓祭祀屈原的粽子了。所以，“角粽”形状有特别的含义，就是专门为祭祀屈原而制作的一种特殊食品。其次，“角粽”还有特别的含义，“角粽”的形状，尖尖的很像牛角的模样，也被称为牛角粽。在古代，帝王举行祭祀天地日月时，一定要有牛。牛、羊、豕（猪）三牲合称太牢，牛是三牲之首，缺少了牛，仅有羊、豕（猪），礼仪就低了一等，称为少牢。太牢是帝王之享配，少牢为诸侯、卿大夫祭祀宗庙时的享配礼。所以，牛角粽寄寓了很高的礼仪规格，最符合“角黍”的本意。

当然，后来“角粽”随着演变，有了长粽、塔粽、长龙粽等多种形态。长粽也叫马蹄粽，主要在四川泸州一带常见，采用的是比较长的芭蕉叶，形状长形。塔粽像宝塔，又叫裹蒸粽，是广东肇庆一带的做法，主要是用当地的水草、冬叶裹着大粽子，体积较大，故称宝塔粽。长龙粽，形似龙，是浙江遂昌农家发明的一种粽子，每个粽子半米长，比普通的粽子大许多，外用 3 米多长的龙须草扎紧，一共要扎 12 个“腰带”，宛如长龙。粽子的馅料也很多，有红枣粽、赤豆粽、豆蓉粽、腊肉粽、咸蛋粽、鲜肉粽等，口味丰富。

尽管粽子的形状与口味变化万千，但内在的含义却是一致的，那就是纪念圣贤、祈愿安康，寓意美好的祝福。

102. 唐代粽子为何叫“九子粽”？

粽子的主要馅料是米，到了唐代，我国江南的稻作已经十分发达，粽子中的米已“白莹如玉”。唐代粽子种类繁多，有“九子粽”“百索粽”等。在日本文献中就记载有“大唐粽子”，说明大唐粽子对日本的影响很大。

“九子粽”是唐玄宗时期宫廷发明的一种粽子，就是将九个小粽子串在一起，有“龙生九子”的吉祥寓意。“九子粽”是皇帝在端午节特赐的御粽，能够吃到“九子粽”的大臣，自然是得到了皇恩浩荡的礼遇，深感荣幸之至。端午节在唐代作为官府的法定节假日，祭祀之风渐弱，娱乐之风盛起，唐玄宗在端午节大张筵席，把盏食粽，并吟诗唱和，写有“四时花竞巧，九子粽争新”的诗句，于是“九子粽”在许多唐宋诗人笔下都有描写。唐代诗人温庭筠就写道：“盘斗九子粽，瓯擎五云浆。”宋代诗人王曾有“争传九子粽，皇祚续千春”。可见，“九子粽”的名声很大。唐代还有“百索粽”，就是用五色绳索缠的粽子。

唐代端午节娱乐之风大盛，宫廷中不仅吃粽吃出了花样，玩粽也玩得有些别致，比如发明了“射粽”的宫廷游戏。在《开元天宝遗事》中就记载了端午节宫中“射粉团”的游戏，粉团就是小的角黍，放在盘中，再制作纤巧的小角弓，架上箭，比赛每个人射粉团的水平，射中者方可得食。因为粉团滑腻而小，很难射中，反倒使人跃跃欲试，射中的人不仅可以吃到粉嫩的角粽，还有一个“中”礼的好彩头。后来这种宫廷游戏传遍了长安城，成为长安城端午节的一种节日风俗。

103. 端午缘何喝“雄黄酒”？

“五月五，雄黄烧酒过端午”，这是杭州的民谚。民间将蒲根切细、晒干，拌上少许雄黄，浸白酒，取名雄黄酒。端午喝雄黄酒的习俗，古时在长江流域地区十分流行。端午时节，已入盛夏，天气炎热，蝇虫飞动，毒气上升，是疫病的爆发期。民间多有喝雄黄酒的习俗，目的是以雄黄酒解病毒，于是有了“端午饮了雄黄酒，病魔都远走”的说法。

过去，我国南方家家户户都会制作雄黄酒，雄黄需要在太阳下晒，从农历五月初一开始，一直要晒到农历五月初五。端午喝雄黄酒，古时多是男人喝，女性与小孩子喝的很少。在《本草纲目》中就记载：“雄黄，乃治疮杀毒要药也。而入肝经气分，故肝风、肝气、惊痫……用之有殊功；又能化血为水。而方士乃炼治服饵，神异其说，被其毒者多矣。”古人有以毒攻毒之说，雄黄酒的确从药性上有解毒之功效。但是，雄黄酒本身有毒，要在医生指导下服用。雄黄酒可以外用，可杀虫，是炎热夏季驱虫的很好选择。

104. 雄黄酒与白娘子有关系吗？

端午节喝雄黄酒的习俗，引出了关于白娘子的传奇故事，使得雄黄酒借着《白蛇传》的传播而家喻户晓。

《白蛇传》的故事有很多种版本，其中的一种是这样的：传说一条修炼了一千年的白蛇化为美丽的姑娘白素贞，与一位修行了五百年的青蛇化为的小青姑娘，结伴到西湖游玩，遇到了一位白面书生许仙，于是白娘子与许仙发生了惊心动魄的爱情故事。雄黄酒的出现是剧情突变的重要一环，金山寺的和尚法海认为蛇精会祸害民间，便告诉许仙说白娘子是蛇精所变，并说端午节时只要让白娘子喝雄黄酒，她就会显出原形。许仙将信将疑，逼迫白娘子喝下了雄黄酒，已有孕在身的白娘子无奈现出蛇身，竟将许仙吓死了。

后来白娘子历经艰辛，盗取灵芝草，救活了许仙。但法海还是容不得白蛇在人间生活，于是骗许仙到金山寺出家当僧人。小青与怀孕的白娘子“水漫金山”，但还是打不过法海，最后逃到了西湖断桥。最终，白娘子被法海施展法术压在了西湖的雷峰塔下，被诅咒除非西湖水干、雷峰塔倒下，否则白娘子永远不可能回到人间。多年后，修炼成功的小青打败了法海，抽干了西湖水，掀倒了雷峰塔，才救出了白娘子。

饮雄黄酒作为端午节的一种习俗，本来与白娘子无关，但《白蛇传》通过白娘子喝了雄黄酒现原形的传奇故事，在民间广泛地传播了端午节喝雄黄酒的习俗。

105. 涂雄黄酒在小孩子额头上有何讲究？

雄黄是一种中药，许多儿童用的中药都含有少量的雄黄。比如，小儿化毒散、小儿惊风散，以及牛黄解毒丸、牛黄清心丸等。

雄黄有抗肿瘤的作用，被人体吸收后，对神经有镇痉、止痛的作用。但是，雄黄也有副作用，被肠道吸收后会引起吐、泻、眩晕甚至惊厥，慢性中毒者会损害肝、肾等。雄黄还是一种矿物质，加热到一定程度，就会产生三氧化二砷，也就是砒霜，有剧毒。因此，现代科学研究认为雄黄酒不适宜饮用，尤其是女人和儿童，更要慎用。

端午节有用雄黄酒画额头的习俗，主要用于孩童。就是用毛笔蘸着雄黄酒，在小孩子的额头上写一个“王”字，也叫“画王老虎”。这样外用雄黄酒的方法比较科学，一方面雄黄酒的气味可以抵御各种蚊蝇对小孩子的叮咬，是一种保护小孩子身体的好办法；另一方面以“画王”的仪式，将“兽中之王”老虎的威猛形象，表现在小孩子的额头上，寓意小孩子要像山中老虎一样强壮，是驱恶趋吉的美好祝福。除了画额，还有把雄黄酒涂在小孩子的耳朵、鼻子、手心、脚心、领口等处的，同样具有驱虫辟邪的功能。清代富察敦崇《燕京岁时记》记载：“每至端阳，自初一日起，取雄黄合酒晒之，用涂小儿额及鼻耳间，以避毒物。”山西《河曲县志》也云：“端午，饮雄黄酒，用涂小儿额及两手、足心……谓可却病延年。”

在端午节这个驱邪迎祥的节日里，长辈用雄黄酒画额的仪式来表达对孩子们特别的关怀和寄寓。

106. 艾草为何成为端午节的标志物?

端午节挂艾叶是为了驱病、防蚊、辟邪，民间有“清明插柳，端午插艾”的习俗。端午是入夏后的第一个节日，气温升高，是各种疾病多发的季节。此时艾叶长势正盛，新鲜艾叶散发出来的强烈芳香气味中含有大量植物杀菌素，故有“家有三年艾，郎中不用来”的说法。《荆楚岁时记》也记载：“五月五日……采艾为人形，悬门户上，以禳毒气。”端午节插艾，已经成为千年不变的节日符号。

艾草作为端午节的“宠儿”，民间有插艾、戴艾、食艾的习俗，这是因为艾草有神奇的价值。在《诗经·王风》中就有“彼采艾兮，一日不见，如三岁兮”的描写，以艾草表达相思之情，“艾”成了“爱”的表达。对于艾草的药用价值，《孟子》一书也有“七年之病，求三年之艾”的记载。可见，艾草的药用价值很早就被挖掘出来了。艾草入药在东晋葛洪《肘后备急方》中也被提到：“密以艾灸病患床四角，各一壮，不得令知之，佳也。”古人认为，艾以叶入药，可以通十二经，具回阳、理气血等功效，亦常用于针灸。艾草一时成为医家的宠儿，被称为“医草”。

那么什么时间插艾，插多少艾，悬挂多长时间呢？人们通常是在端午节前一天或当天，将艾叶挂在大门上。一般是大门两边各挂一根或几根，没有具体的讲究。艾叶悬挂的时间，往往是一两个月后等艾草干枯了、不再散发香味时，才可把它取下来。

107. 为何端午要悬菖蒲？

端午不仅插艾叶，还要悬菖蒲，人们常常将艾叶与菖蒲放在一起插。那么，为何还要悬菖蒲呢？

菖蒲种类比较多，有水菖蒲、石菖蒲、金钱菖蒲等，端午的菖蒲一般指水菖蒲。它生于沼泽地、溪流或水田边，也叫泥菖蒲、蒲剑、水剑等，可以提取芳香油，有香气，是中国民间可防疫驱邪的灵草。端午节常有把菖蒲叶和艾草捆在一起，插于檐下的习俗。菖蒲也有药用价值，《本草纲目》中写道："菖蒲，气温味辛……心气不足者用之，虚则补其母也。肝苦急以辛补之，是矣。"菖蒲先于百草在寒冬刚尽时觉醒，耐苦寒，安淡泊，生在野外则生机盎然，长在厅堂则亭亭玉立，自古以来就深受人们喜爱。

民间认为菖蒲是"五瑞"之首。端午节"食五黄、悬五瑞、祛五毒"，"五黄"是指黄豆芽、黄鱼、黄鳝、黄瓜、雄黄酒，"五瑞"是指菖蒲、艾草、石榴花、大蒜、龙船花，"五毒"后面再讲。菖蒲作为"五瑞"之首，主要功能为辟邪。菖蒲的叶形，如挺直不屈的剑刃，象征消除不祥的宝剑，有菖蒲剑之称，后引申为可以斩千邪的"蒲剑"。这样，"手执艾旗招百福，门悬蒲剑斩千邪"，艾草和菖蒲宛如端午节守门的两个"门神"，护佑万家健康。

一些江南人家每逢端午时节，便将金钱菖蒲置于门窗，制成千姿百态的盆景。金钱菖蒲以香闻名，用手触摸叶片或株身，香味长久不散，不仅驱蚊虫，而且净化空气，被誉为“随手香”。

108. 为何端午要挂蒜头?

也许古人对端午带来的瘟疫十分恐惧，门口有艾草、菖蒲两个守门的还不放心，又在门口加了一挂“蒜头”，组成了端午门前“三剑客”。这“三剑客”分工明确，配合很好：艾草手执“鞭子”，掌管招福之责；菖蒲拿个“宝剑”，负责避邪；蒜头提个“锤子”，负责防毒杀虫。艾草、菖蒲、蒜头成为驱邪杀虫的“三种武器”。

大蒜起源于中亚和地中海地区，汉代传入我国，故大蒜又称为“胡蒜”。大蒜营养成分相当丰富，有很好的食疗和药用价值。吃大蒜，可以促进消化液的分泌，增强食欲、去腥味，也有预防感冒、高血压、动脉硬化等作用，陕西人有“吃面不吃蒜，营养少一半”的民谚。关于大蒜，吴江也有农谚：“端午不吃蒜，鬼从门前钻。”大蒜能杀菌，大蒜中的大蒜素能够治疗真菌感染、慢性腹泻，有解毒、杀虫、消炎杀菌的作用。端午节挂大蒜、吃大蒜，可以避“五毒”。

但也要注意食量，因大蒜素对肠胃有一定的刺激作用，生吃过多的大蒜，易引起急性胃炎，肠胃功能不好的人每天应限量，有肝病、眼疾等的患者最好少吃。在我国南京，过端午节时每家都要把独头蒜放在锅里蒸，一个小孩吃一头，因“独”与“毒”谐音，孩子吃了蒸大蒜，夏天不拉肚子，腹内不长虫，这就是“蒸独蒜”的习俗。做法很简单，将若干独蒜剥掉外皮，洗净，用碗装好，撒些红糖，在锅里蒸至烂熟，上桌后，再淋一勺香油，用筷子和匀即可食用。独蒜的香味与辛辣味，会刺激味觉，让人胃口大开。河南端午节也有一大早煮大蒜、烙油馍避邪的习俗。

109. 端午“五彩绳”为何能避邪？

“五彩绳”，也叫五彩线、五色丝等，佩戴五彩绳是端午节的节日习俗。民间俗信认为，端午节佩戴五色丝线，不仅可以辟邪，而且具有祈福纳吉的美好寓意。与艾草、菖蒲、大蒜、雄黄等的药用价值不同，佩戴“五色绳”纯属求吉纳祥的一种民间信仰。

在我国，“五色”与五行关系密切，都源于古老的阴阳五行观念。端午节也叫“双五节”，不仅食“五黄”、悬“五瑞”，还要祛“五毒”、配“五色”绳，都与“五”这个数字密切相关。“五色”在华夏文化中，与五个方位彼此相生相克，十分讲究，不能随意选择。必须为“青、红、白、黑、黄”五种颜色，东方为青龙，选“青”（蓝）色，青色属木；南方为朱雀，选“红”（赤）色，赤色属火；西方为白虎，选“白”色，白色属金；北方为玄武，选“黑”色，黑色属水；中央为黄龙，选“黄”色，黄色属土。这样，青、红、白、黑、黄五种颜色，分别代表东、西、南、北、中五个方位，也代表木、火、金、水、土五种物质。端午节飞龙在天，阳气最旺盛，百邪皆避，用“五色绳”系臂，可避病除邪，不染病瘟。

在汉代，端午以五色丝系臂就很流行了。东汉应劭的《风俗通义》记载，系五色丝于臂可避病除鬼，不染瘟疫。《荆楚岁时记》载：“以五彩丝系臂，名曰辟兵，令人不病瘟。”在端午节一大早，大人起床第一件事便是在熟睡中的孩子手腕、脚腕、脖子上系上端午“五色绳”，民间也叫“长命缕”，寓意“长命百岁”“长命富贵”，后演变为“长命锁”。古人认为小孩一旦戴上了长命锁，就能无灾无祸，平安长大。

110. 端午香包为何要绣“五毒”？如何佩戴？

端午节是夏季五月午时，因此时“五毒”开始孳生，各地都有避五毒的习俗。这“五毒”是指蜈蚣、毒蛇、蝎子、壁虎、蟾蜍五种有毒的动物。

蜈蚣有毒腺口，人被咬伤后会中毒。毒蛇咬人后，毒液会从毒牙流出使人中毒。蝎子也有毒，对人有攻击性。古人认为壁虎入人眼则瞎，入人耳则聋，壁虎尿滴到人身上会引起溃烂。蟾蜍俗称癞蛤蟆，身上有毒腺，分泌白色毒液，对人体有害。这五种“毒物”，在端午前后十分活跃，严重威胁着人类的健康，尤其是孩子与妇女，因此“避五毒”成为端午节的重要内容。“避五毒”的方法很多，其中戴香包就是民间最盛行的一种。

民谚有“戴个香草袋，不怕五虫害”的说法，这里的香草袋，指的就是香囊、香包。传统的香囊、香包里装的主要是中草药，包括朱砂、雄黄、香药等，如今加入了更多提神醒脑、清肝安神、增强食欲的中药，不仅芳香化浊、避瘟除秽，而且有预防化湿的保健功能。唐代药王孙思邈《千金要方》中提到，佩戴香囊、香包有“辟疫气，令人不染”的功效。佩戴香囊、香包要防水，可系于腰间或放入上衣口袋，要隔衣佩戴。孕妇、新生儿、过敏体质的人、哮喘病人不宜佩戴。香囊、香包多是巧妇所为，因此外观都非常精美，绣有“五毒”的形象，寓意以毒攻毒，被誉为“五毒香包”。

111. 龙舟下水为何要“祭龙头”？

龙舟一词，最早见于我国先秦典籍《穆天子传·卷五》：“天子乘鸟舟，龙舟浮于大沼。”在楚辞《九歌·湘君》中也有：“驾飞龙兮北征，邅吾道兮洞庭。”可见，龙舟竞渡早在战国时代就有了，既娱神，也乐人，是祭祀中半宗教性、半娱乐性的仪式，其中“祭龙头”是龙舟竞渡的一个重要仪式，很有神圣感。

龙舟一般是狭长、细窄的龙形船只，船头装饰龙头，船尾装饰龙尾，龙头的颜色有红、黑、灰等，龙头是龙舟的灵魂。“祭龙头”仪式在我国南方各地都有，在湖南汨罗江，赛龙舟前必先在屈子庙里祭龙头，将龙头供于屈子庙祭拜，给龙头披上红布，再抬龙头到江边，将龙头安于船头。这样一方面拜了龙神，一方面也纪念了屈原。祭屈原环节，在湖南、湖北两地的龙舟下水仪式里都有，有“祭龙”“舞龙”“点睛”“活水”等仪程，庄严隆重。在广东，也要先“祭龙头”，区别是地点不一样，广东不在屈子庙祭祀，而在南海神庙祭祀，祭拜完后，再安上龙头、龙尾，然后开始竞渡。在闽、台地区，“祭龙头”则在妈祖庙举行；川黔地区，直接在河边祭龙头，杀鸡滴血在龙头上……

“祭龙头”也叫“龙舟朝圣”，是端午习俗中最古老、最原生态的民间祭祀仪式，是一种驱除瘟疫、祈求平安的传统民间祈福文化。总的说起来，龙舟下水仪式有：

一、请龙舟。上午 10 点左右，20 多名壮汉从龙船屋中将修补翻新的新龙舟扛到草地上，通过“请”新龙舟，以示对龙的敬意。

二、祭拜。在现场一张桌子上摆放金猪、水果等祭品，向龙头的嘴巴里塞上生菜，寓意生生猛猛。再往龙舟船上放入儿包“龙船饼”等进行祭拜，祈愿龙舟下水平安顺风。

三、龙舟下水。在锣鼓的激扬节奏中，一起划动船桨，在水中先试水划两圈。

四、分享龙船饼。龙舟靠近岸边，观看下水仪式的村民在岸边排起长队，等候分享“龙船饼”。“龙船饼”就是松沙酥，渔民认为吃了“龙船饼”的人，来年都会事事顺利、身体健康、龙马精神。

有的地方龙舟下水仪式有“开坛”“奠土”“敕龙”等仪程，但主题是相同的，那就是对龙的敬畏都是一致的。下水仪式后，一些地方也会有一些精彩的文艺节目助兴。

112. 为何说龙舟竞渡蕴含了同舟共济的民族精神?

龙舟竞渡在我国历史悠久，最早起源于江浙地区吴越民众祭水神或龙神的祭祀活动。龙舟竞渡传承至今，不仅彰显了龙舟作为中华民族优秀传统体育运动的独特魅力，更体现出中国人同舟共济、团结协作、顽强拼搏、百舸争流的奋进精神。

一是同舟共济的精神。龙舟大小不一，因此水手多少也不同，但大家都在一条船上，大家的命运捆绑在了一起，因此赛龙舟赛的是集体意识、团队意识，而不是个人英雄主义。只有大家坚定命运共同体的精神，齐心合力，同舟共济，才能使龙舟乘风破浪、胜利向前。

二是团结协作的精神。赛龙舟时，船头由一长者担任鼓头指挥，鼓声响处，各水手必须按鼓的节拍一起划桨前进，步调必须一致，才能快速前行。如果不能团结协作、动作一致，单方面不论如何用劲，都无法让龙舟向前冲。有协作精神的团队，才能取得骄人的成绩。

三是顽强拼搏、勇往直前的精神。无论是在江上还是湖水里进行龙舟竞渡，必须发挥选手们顽强拼搏、勇往直前的精神，敢拼才会赢。中华民族自古就是一个具有顽强拼搏精神的民族，面对各种艰难困苦，都能想出办法，不屈服命运，勇往直前。赛龙舟就是百舸争流、奋勇争先，只有顽强勇敢的人，才能取得最后的胜利。

赛龙舟之所以千百年来有那么大的吸引力，常常出现万人空巷、锣鼓喧天的盛大场面，因为它体现了中华民族同心协力、顽强拼搏、共克时艰、同舟共济的伟大精神。同在一条船，命运一体，赛龙舟已成为民族凝聚力的象征。

113. 钟馗与端午节有什么关系?

端午是古代的“恶月恶日”，五毒尽出，瘟疫容易流行。民间把钟馗视为斩五毒的天师，于是产生了端午节挂钟馗像的习俗。

在端午节，挂钟馗像寄寓了祈福纳财、驱邪打鬼、护佑家宅平安的含意，钟馗成了民间“赐福镇宅”的万圣之君，经常扮演着驱除恶鬼的正义角色。在《清嘉录》中就记载，五月“堂中挂钟馗画图一月，以祛邪魅”。《燕京杂记》中也说，端午节“前数日……或绘天师、钟馗像……人购而粘门上，以逐祟恶”。由此可见，端午节挂钟馗像是抗瘟疫驱邪恶的一种民间习俗。

钟馗是唐代人，传说有一天唐玄宗李隆基夜里发烧做梦，梦见一个小鬼正在偷杨贵妃的香包和自己的玉笛。玄宗大怒，正要派武士驱鬼，只见一个蓬发虬髯、面容可怖的大鬼奔进殿来，一伸手便抓住小鬼，挖出眼珠后一口吞了下去。玄宗吓得魂不附体，问道你是谁?大鬼向玄宗施礼道：“臣是终南山的钟馗，因在长安武举不第，羞归故里，触殿前阶石而死。幸蒙高祖赐绿袍葬臣，臣感激不尽，遂誓替大唐除尽天下妖魅。”唐玄宗吓醒了，出了一身汗，病也好了。唐玄宗后来把画师吴道子召到宫中，令他将自己梦中所见画一幅图，吴道子下笔画出，玄宗惊呆了，竟然与梦中所见如此相像。于是，钟馗捉鬼成为家喻户晓的故事。

114. 为什么有小端午与大端午之分?

我国地域广阔，各地风俗有一定的差异，在湖南、湖北、贵州等与屈原渊源比较深厚的地区，祭祀屈原就不仅仅在五月初五端午节这一天。在屈原故里——湖北秭归（今宜昌），端午节不仅有大小之分，还有头尾之别。

湖北秭归将五月初五叫“头（小）端午”，五月十五叫“大端午”，五月二十五叫“尾（末）端午”，端午节在湖南秭归要过整整一个月，有“一个端午三次过，秭归端午比年大”之说。

为何湖北、湖南会有大、小端午之分？古时，湖南号称湘楚，湖北号称荆楚，都是楚文化的核心区，是屈原的故乡。传说当年屈原受谗言而被贬，过鄂渚、入洞庭、溯沅水、经枉渚、至辰阳、入溆浦，不久又下沅江、入洞庭、渡湘水，最后到了长沙附近的汨罗江，在极度绝望中投江。屈原在湖南汨罗投江自尽是农历的五月初五，但噩耗传到他的故乡湖北秭归已过了十来天，所以，湖北一带的端午节要比别的地方迟十天。此外，中国人有过“月半”的习俗，如中元节为“七月半（十五）”，中秋为“八月半（十五）”，所以，屈原故里过的大端午，选在五月十五举办也就不奇怪了。

湖北秭归“小端午”是五月初五过，习俗有挂菖蒲、艾叶，饮雄黄酒等；五月十五过“大端午”，举行龙舟竞渡，也是最热闹的时候；五月二十五过“末端午”，习俗有送瘟船、亲友团聚等。尽管端午三次过，祭祀屈原一直贯穿始终，端午民俗完整而鲜活。

115. 我国满族的“五月节”与端午有何异同？

我国满族也过端午节，不过名称叫“五月节”，每年农历五月初五举行，持续时间比较长，一直要到五月十三。满族的“五月节”，与汉族的端午节有不少习俗上的差异。

满族“五月节”也称“药香节”，充满了驱除瘟疫的意味，这一天要“辟毒”。在辽宁抚顺，五月初五天不亮，满族农家妇女就出门了，先到河边洗脸、梳头，再用铜盆端回水来给公婆洗脸。满族人认为，这一天用早晨的露水洗眼睛，可保眼睛在新的一年里如露珠一样明亮。这一天还要采艾，这一天的艾蒿最灵，艾蒿阴干后，用来“灸艾子”。满族人认为，用这一天的艾进行艾灸，肚子里的疾病会被灸好，对风寒腿也能起到很好的疗效。这天刨的“八股牛”（白鲜）药劲大，治病效果好。满族也有身上佩五彩荷包祈福禳灾，贴葫芦花以辟“五毒”，戴五彩绳，采集杜鹃“年息”花，踏露水等习俗。

满族人过五月节就像汉族过年，需要祭祖。祭祀祖先最隆重的供品是“五毒饼”（印有五毒图案的糕饼）。富贵人家祭供玫瑰饼，满族人认为能够在五月节吃上玫瑰饼是非常吉利的事，普通人家祭供的是桃酥饼，中等人家再加放上小枣江米粽子和鲜果。祭品要一天一撤，以防腐烂，从五月初一献供，至五月初五晚间撤供。中国有“南船北马”之说，南方远行靠船，北方远行靠马，满族是马背上的民族，故满族五月节不赛龙舟，而是要赛马射柳，非常热闹。

116. 祭祀关羽有哪些礼仪？

关羽是东汉末年名将，与刘备、张飞桃园三结义，他以义当先，威震华夏，被誉为“关公”“武圣”“关帝”，成为与“文圣”孔子并立的“武圣人”。

关羽被杀后，首级被送到了曹操处，最后安葬在了河南洛阳。身躯被埋在了湖北当阳，也就是关陵。这样，我国就有三处关羽的陵寝：头颅安葬地河南洛阳，身躯埋葬地湖北当阳，关羽故居地山西运城，所以有“头枕洛阳，身卧当阳，魂归故里（运城）”之说。我国的关帝庙众多，据说关帝能御灾除患，不少关帝庙每年农历的五月十三举行“关帝庙会”，在这一天祭祀关羽，祈求普降甘霖，以解民忧。这一天也是“关公磨刀日”，一般此日降雨，称为“雨节”。民间有农谚：“大旱不过五月十三”，如果此日降雨，全年就会风调雨顺。

祭祀关羽，以关羽故里山西运城最为隆重。运城每年有三次大规模祭祀仪式。一是农历六月二十四，传说这天是关帝的生辰，祭祀地点设在运城常平村关公家庙，祭拜关公三代祖宗，并请戏班演出关公戏。二是农历的四月初八佛诞日，举行关公祭典活动，地点在运城的解州关帝庙，这一天要举行关公巡游活动，关公像被抬出大庙，巡游整个解州镇，保佑百姓风调雨顺。三是农历九月初九重阳节，最为隆重，规模最大，会举行祭拜关公大典，地点在关帝庙。仪式有鸣鼓、迎神、初献、奠玉帛、上香、进俎、亚献、读祝、终献、饮福酒、送神、望燎、献艺、上布施等，还有关公锣鼓、关公戏曲等民间艺术表演。

【陆】

六月晒书度伏天

——晒书节、忙罢节礼仪

117. 六月六"晒经节"究竟是怎么一回事？

六月六与晒衣箱　李运正　撕纸画

六月六"晒经节"与唐玄奘有关。传说唐玄奘西天取经归来，六月六这天过河，不慎将经书掉到了河中，他急忙下河将经书捞起来晒干，才得以完好带回。后来，演化为寺院僧尼每年六月初六晒经的习俗，就是将寺院所收藏的经卷拿出来翻晒，以利经卷的保存，也有"晒经度众生，功德大无穷"的用意。

六月六晒经之所以是佛寺的一个节日，主要源于扬州。早在隋炀帝时，扬州就是全国的佛教中心之一。隋炀帝曾派人广收各地的佛经，运到扬州由高僧整理，数量近十万轴。唐代的扬州，随着雕版印刷兴起，扬州的刻经流通更是名闻遐迩。由于扬州地处江南，六月初，梅雨季节衣物易生霉，经书也易发霉生蠹，而"梅雨"一过，艳阳高照，马上就进入了高温期。古代藏经多在寺院阁楼，一年中只有这个季节适合晒经，六六又是大顺之日，是适合寺院举行法会的日子。于是，每年六月六寺院就把经书翻开，摊在烈日下曝晒，僧众便把这天叫作"晒经节"或"翻经节"。全国各地不少寺院都在六月六举行隆重的晒经法会，历代祖师大德把经书看得比自己的生命还重要，所以佛教寺院的僧众这一天集结信众，把收藏的经卷拿出来翻晒一遍，达到"晒经度众生，功德大无穷"的目的。

118."晒书节"为何能在古代流行?

相传六月六"晒衣衣不蛀，晒书书不蠹"，民间有谚"六月六，晒红绿，不怕虫咬不怕蛀"。农历六月六，正是阳光特别强烈的时候，传说凡是这天晒过的东西，虫子就不会咬了。于是在明代，在这天皇帝晒銮驾、官府晒官服、士人晒书籍、僧人晒经卷。

"晒书"也称"曝书"，在我国至少有两千年的历史了。《穆天子传》

中就有“天子东游，次于雀梁，曝蠹书于羽陵”的记载。东汉崔寔《四民月令》云：“七月七日，曝经书及衣裳，不蠹。”这里所说时间虽有所不同，但晒书不蠹却是事实。“晒书”被官方所重视应该在宋代。宋代有曝书会，由掌管图书的秘书省主持，所晒时间自五月一日一直到七月七日，长达两月之久。南宋比北宋更重视晒书，因为南宋都城临安地处东南，潮气很重，晒书就成为一种习惯。明代晒书制度一直延续，清代官府的晒书制度更加健全。图书的晾晒，有的是在大石头上，若石面粗糙不平，往往会损伤图书。也有的是将床抬到外面，把书放到床上晒，如唐代诗人陆龟蒙就在床上晒书，“自与酌量煎药水，别教安置晒书床”。

关于晒书的有趣的故事不少，《世说新语》就有一则“晒书”的趣事。说有一个叫郝隆的穷书生，自诩才高八斗，学富五车，当别人曝晒各种皮裘锦被时，他却晒肚皮，在日中仰卧，人问其故，说“我晒书”。后人用“袒腹晒书”的典故来形容富有学问的人，以喻读书人的狂傲与清高。清代康熙年间，一位叫朱彝尊的人，满腹经纶未被重用，六月六这天，别人晒书，他把肚子露出来晒太阳，谓之晒一肚子的学问。此事被康熙皇帝知晓后，便诏他到翰林院撰修明史。

119. 古代祈雨有哪些仪式?

小暑、大暑时节，容易发生旱灾，所以就需要求雨。求雨，早在西汉时就已经出现，是一种祈禳丰收的巫术活动。民间认为，天旱是人得罪了龙王爷造成的，为了求得龙王爷赐雨人间，就要举行祈雨仪式。

龙作为中华民族的精神图腾，从皇帝到知县，每遇到天旱，都要设坛祭祀。古代天子祈雨通过焚表祭告苍天，属于国家重大祭典，每年农历夏天的第一个月，皇家占卜师们都要仔细观察星象，等候“龙星”。祈雨仪式时，皇帝要早起，穿祭服，在礼仪官引导下登上祭坛的最高一层，按照祖先们的顺序依次上香，再回到祭坛第二层行三跪九叩大礼。

民间祈雨多在北方干旱地区流行。在我国山西，祈雨要以牲畜供献，有抬着神像娱神的、有惩罚旱魃进行表演的、有挥舞草龙的，仪式各异。晋中还有“七女祈雨法”的仪式，就是从村中挑选七个聪明伶俐、品行兼优、家门兴旺的少女，把她们家中所用的蜡烛和炉灰调成稀泥，抹在村中一块大石头上，上面放一个大罐，盛满清水。让七女扶着罐子转圈行走，并念类似咒语的求雨辞，表达对龙神祈雨的愿望。在我国陕北，有悲怆的“抬龙王爷”祈雨仪式，选择一帮身强力壮、打赤脚的好后生，抬起龙王爷楼子游村，一路哭诉跪拜，祈望“龙王爷降喜雨”。靠天吃饭是中国古代农业社会的共性，雨水是农耕社会的命脉，祈雨表达的是民众的一种祈盼丰收的愿望。

中国古人信奉“天人合一”，元末明初江南发生了一场旱灾，刘伯温掌管天文，朱元璋问他如何祈雨？刘伯温说天旱是因为牢里的犯人有冤。朱元璋派他去查，果然发现不少冤案，平反了冤案后，不出几天就下了一场透雨。故事虽为编撰，但很受老百姓欢迎。

120.“忙罢节”走亲戚有哪些讲究?

“忙罢节”是陕西西安渭河南部一带的民间古会，具有地方农耕文化的民间礼仪特征。“麦儿黄，女想娘”，“忙罢节”一般是在夏麦丰收以后举行，以村子为单位，设立固定的时间为会日，沿袭至今。

关中西安渭河几十个村子的忙罢会，是一年中关中农村盛大的节日。一般从农历六月六开始，至八月初结束，时间长达两个月。麦子颗粒归仓后，为了庆祝丰收，各村的村民们要按照祖传日子，招呼亲朋好友“借机”来家里大吃一顿，也是尝新麦的一种民俗活动。过会的村子，当天一大早大街小巷就被商贩占满了，俨然成为一个大集。每家每户都会邀请亲戚朋友来赶会，哪个村子人气最旺，就能证明富裕多财、名扬四方。客人欢聚越多，主人越高兴。晚上村上还唱大戏、放电影。

有的地方的忙罢会也叫老姑娘会、新女婿会、亲戚会，犹如过年一样热闹。娃娃上舅家、媳妇回娘家、女婿拜丈家，村村“过会”，家家招待亲朋好友。你村忙罢，再到我家，互相吃请，互相走动，通过忙罢走亲访友凝聚亲情，加深乡情，增进人情。忙罢会讲究按阴历日子过，过单不过双，取“福无双至，祸不单行”之意。礼数也是十分讲究的，忙罢会前数日，家家户户打扫卫生，割肉买菜，酿造稠酒。过会这一天，要穿干净漂亮的衣服，回娘家要带礼，新女婿上门必须带“四色礼”——白酒一斤、肉二斤、糕点一盒、时令水果。过去礼中有馍——油塔塔馍十五个，白云云馍五个，主要是显示送礼的男方家不缺粮，女子嫁过去不吃亏。饮食风俗上要吃两顿饭，一顿是早上吃面，另一顿是午后吃席，席是正餐，一般要六个凉菜、十几个热菜，十分丰盛。大家开怀畅饮，一醉方休。

121. 我国仫佬族“吃虫节”有哪些讲究？

我国仫佬族主要分布在贵州一带，“吃虫节”是仫佬族最独特的节日。每年农历六月初二，仫佬族人的饭桌上就摆上了几碟别具风味的菜肴——油炸蝗虫、酸蚂蚱、糖炒蝶蛹等，全家人围坐在一起吃虫。边吃边说：“吃，嚼它个粉身碎骨，吃它个断子绝孙。”大家对虫有极大的仇恨感，于是很痛快地吃虫子。

仫佬族之所以这么恨虫吃虫，源自这样一个传说：在古时候，仡佬山虫灾连年，五谷歉收，寨佬们商议：谁能除掉虫害，赏三头肥猪。榜刚一张出，公鸡前来揭榜，说："我起得最早，我能除掉害虫。"谁知，公鸡到了田里，没吃到几个虫子，就被露水打湿了羽毛，败下阵来。接着，鸭子揭榜，说："我的羽毛不怕水，我的嘴也大，一定可以消除虫害。"可鸭子在水里游，害虫在禾苗上飞，它脖子伸得很长，就是吃不到几只虫子。最后，一个道士来揭榜，说："我的法术可以治虫害。"他奋力施法，只是虫子哪里听得懂法咒，道士也败下阵来。眼看一年的收成就要被害虫吃掉了，人们更加着急。农历六月初二这一天，有个叫甲娘的穷人，从外乡回娘家，没有带礼物心里很难过。她看到几个孩子在田里捉虫玩，于是突然想到把虫子炒给大家吃，不是很好的礼物吗？果然，甲娘炒的虫子大家都觉得清香可口。这一发现，使人们争着捉虫子吃，害虫大减，庄稼终于又丰收了。

寨佬们赏了甲娘三头肥猪，甲娘把猪杀了分给百姓。甲娘死后，人们为她立了庙叫"吃虫庙"。每年六月初二，仫佬族各村寨就有了杀猪吃虫节。昆虫富含蛋白质，我国哈尼族、布朗族、傣族都有吃虫节，虫成了这些少数民族的节日美食。

122. 我国彝族"火把节"有哪些壮观的仪式？

"火把节"是我国少数民族彝族的盛大传统节日，每年农历六月二十四日或二十五日举行，节期三天，流行于云南、贵州、四川等地的彝族地区。"火把节"源于对火的崇拜，目的是期望用火驱虫除害，保护庄稼生长。在彝语中，"火把"称为"都则"即"祭火"的意思，火是彝族追求光明的象征。

在彝族祭火神、祭锅庄石的传说中，都有关于火神阿依迭古的神迹叙述。

“火把节”与彝族的“十月太阳历”有关，它一个月36日，一年10个月。每年农历六月是彝族太阳历的“星回日”，也称“星回节”。彝族人崇拜火，希望长出的谷穗像火把一样粗壮，祭火的目的就是保人畜平安。“火把节”仪式历时三天三夜，第一天为迎火仪式，彝族叫“都载”。村寨杀猪宰羊，以酒肉迎接火神、祭祖。第二天为颂火、赞火仪式，彝族叫“都格”，这是火把节的高潮。成千上万的人聚集在一起，傍晚来临，千万只火把连成一条条的火龙，从四面八方汇向同一个地方，最后聚成无数篝火映红天空，形成“东方狂欢节”。第三天为送火仪式，彝族称“朵哈”或“都沙”，这是火把节的尾声。夜幕降临，彝族手持火把，聚在祭火台，祈求祖先赐福子孙平安幸福。最后，将火把聚在一起，燃起一大堆篝火，以示众人团结一心，共同防御自然灾害。

彝族火把节，除了男女青年会点燃松木制成的火把，到村寨进行约会唱歌，还有赛马、斗牛、摔跤及商贸活动，因而成为规模巨大、场面壮观、民族特色浓郁的盛大节日。我国白族、纳西族、拉祜族也过这一节日。

【柒】

七月乞巧放河灯

——七夕节、中元节礼仪

123. 七夕缘何是祭祀星宿的节日?

七夕起源于我国古老的星宿崇拜。北斗七星信仰，是中国人最早的星宿信仰之一，它连接星空与人间，成为中国人世俗生活和精神世界的指路明灯。星辰主风雨，支配气象，其中，主管风雨的宾星、毕星，主管火的辰星（大火星），与农业关系十分紧密。早期祭星仪式有两种，一种是实柴祭祀；另一种是布祭，就是将布散于地，象征星辰布列。

农历七月七日，是传说中牵牛星与织女星相遇的日子，也是牛郎织女相会的节日。在中国古老的星宿体系中，华夏先民崇拜的星宿远不止牵牛星和织女星，而是东西南北各有七星的二十八星宿。天上的银河看上去是一条白色的银带，由众多的星星组成，牛郎星在银河的东岸，由 6 颗星组成，像倒置的三角形，宛如头上有两只角、三只足的牛，古人称之为“牵牛”。织女星在银河的西岸，由 3 颗星组成，是星空中最亮的。牛郎星与织女星在《史记·天官书》中有明确的记载，在汉代的天文星图中，常被画成牵牛的男子、席地纺线的女子，这就为后来演变成神话传说中的牛郎织女的故事打下了基础。

每逢夏秋之夜，天上繁星闪烁，牵牛星与织女星隔河相望，遥遥相对，引起了人们无限的遐想。汉代的《古诗十九首》中就有诗写道："迢迢牵牛星，皎皎河汉女。纤纤擢素手，札札弄机杼。终日不成章，泣涕零如雨。河汉清且浅，相去复几许。盈盈一水间，脉脉不得语。"三国时曹植也有《九咏》曰："牵牛为夫，织女为妇，织女牵牛之星各处一旁，七月七日得一会。"可见，汉末到三国时期牵牛织女两颗星的故事就已经定型了。

织女星和牵牛星都是恒星，距离我们不算太远，牛郎星离地球约 16 光年，织女星离地球约 26 光年，看上去只是小小的两个光点。

124. 为什么说七夕是乞巧节?

农历七月七日夜，少女们在庭院中拜织女，乞求智巧，称为"乞巧"。织女是天上的织布能手，乞巧节就是少女们向织女乞求一双巧手，将来好嫁一位如意郎君，组建一个美好家庭，所以乞巧节也是女儿节，更偏重于女性。

七夕乞巧习俗源于汉代。东晋葛洪的《西京杂记》记载："汉彩女常以七月七日穿七孔针于开襟楼，俱以习之。"到了唐代，妇女乞巧形成习俗，唐代诗人和凝有诗："阑珊星斗缀珠光，七夕宫嫔乞巧忙。"据《开元天宝遗事》记载，唐代七夕宫中有清宴，宫女们各自乞巧。宋、元乞巧习俗延续到民间，京城都有专卖乞巧物品的市场，世人叫乞巧市。乞巧市从农历七月一日开始，一直到七夕前三天，集市上人山人海，各种巧果、巧物十分丰富。令车马不通行，至夜方散，热闹程度丝毫不亚于过年。

近代乞巧的方式多是穿针引线、蒸巧馍馍、烙巧果子、生巧芽等。乞巧风俗在民间盛行，不少歌谣写道：“乞手巧，乞容貌，乞心通，乞颜容，乞我爹娘千百岁，乞我姊妹千万年。”在我国甘肃西和县，每年的乞巧女儿节长达七天八夜，仪式包括坐巧、迎巧、祭巧、拜巧、娱巧、卜巧、送巧七个环节，每一个环节都有歌舞相伴，保留了大量的乞巧唱词、曲谱、舞蹈形式和与农耕文明相关的礼仪，唱词有对神灵的崇拜、对心灵手巧和美好姿容的乞求、劝人向善和谐的愿望等，还有巧娘娘像、五谷供果、巧芽、头饰、云肩、拂尘、乐器等礼仪器物，时间之长、仪式之重、参与人数之多，全国罕见。

七夕·乞巧　李运正　撕纸画

125. 织女缘何是古代“女红”的代表?

“女红”，也称“女工”“女事”“女功”，旧时指从事针线、纺织、缝纫、刺绣等工作的女性。清代朱骏声《说文通训定声》说：“红，假借为功，实为工”，也就是女工。织女是古代女红的典型代表，有民谣唱道：“天皇皇，地皇皇，俺请七姐姐（织女）下天堂。不图你针，不图你线，只想学你七十二样好手段。”可见，织女拥有纺纱、织布、缝纫等多种好手艺，她心灵手巧，技艺精湛，可谓是女红的化身。

我国是古老的农业社会，几千年来一直以农为本，形成了男耕女织的家庭分工传统。从黄帝时代最先养蚕治丝的嫘祖开始，华夏文明就从树叶遮羞进入衣冠文明，从养蚕栽桑到纺纱织布，从穿针引线到缝衣制服，中国人一步步迈进文明礼仪时代。在古代，女子从小就开始学习描花刺绣、纺纱织布、裁衣缝纫等女红活计，“蚕织天下”成为女性伟大的创造。唐代孟郊的《游子吟》就与女红有关，“慈母手中线，游子身上衣。临行密密缝，意恐迟迟归。谁言寸草心，报得三春晖”。慈母的“手中线”“密密缝”，成为中国女性、中国母亲最感人的画面，也成为中国女红最鲜明的形象。到了明清，随着程朱理学盛行，不仅要求女性有“巧功夫”，而且择妻的标准也调整扩展到以“德、言、容、功”四个方面来衡量，把“德”放在了第一位，把“功”放在了最后一位，有了“女子无才便是德”之说。另外，随着明代中后期手工业的发展，江南蚕织业快速崛起，历经数百年，女红从家庭作坊式产业逐渐向现代纺织业发展，一直盛行到今天。

126. 古代拜织女有哪些礼俗?

七夕也叫“七姐诞”，被视作织女的生日。古代拜织女是女性的专利，女性通过祭拜织女，乞求赋予自己心灵手巧的技艺。在古人的想象里，织女可以编织云彩，是纺织业的创始人，一定有高超的手工技艺。女性要想拥有美好的姻缘，就要懂各种家庭技艺，包括厨艺、针线技艺、装饰技艺等，于是在七月七日这一天，她们便会祭拜织女，乞求这位仙女传授技艺。

祭拜织女一般是女性的群体行为，少则五六人，多至十来人。七夕之夜，在月光下摆一张桌子设祭坛，设供品五子（桂圆、红枣、榛子、花生、瓜子），以及茶、酒。女子参加乞巧仪式要提前斋戒一天，沐浴焚香。仪式过程中，大家朝着织女星座，默念自己的心事，一直玩到半夜始散。不同的地方，拜祭织女的礼俗也有不同，在台湾省，民间流行一种“成人礼”，女孩子长到 15 岁时，父母领孩子到“七娘娘庙（织女）”供奉、答谢“七娘妈”保护孩子度过幼年、童年和少年时代，台南地区要为女孩子“做十六岁”成人礼，除了祭谢“七娘妈”，还要宴请亲友庆贺一番。

我国古代待嫁的少女，会组织七巧会，祭拜“七姐盆”，也就是制作一个纸制的圆盆，里面有纸制的衣服、巾履、脂粉、镜台、梳篦等，每样东西都有七份，取织女排行第七之意。惠州还盛行“七巧贡案”，从农历七月初六晚摆设至初八晚，有精心准备的花灯、宫灯、瓜果、刺绣、文房四宝以及成套的历史故事书籍等，摆在家中的前院供人欣赏、品鉴。

127. 穿针为何成为七夕最大的赛巧?

穿针乞巧，指穿针引线，是古代女子赛巧的一个重要习俗。“针”是织线活的核心工具，小小的“针”，最能表现一位女子的针线功夫。古人赛针，不是一个针，而是五、七、九孔针比赛。不是白天赛，而是夜晚赛，甚至是“盲赛”，难度还是很大的。

穿针，是古代最早的乞巧方式。穿针赛巧，赛的是熟练功夫。七夕之夜，女子手执五色丝线，在月光下对着月亮比赛穿连续排列的七孔针（或五孔针、九孔针），谁能快速全部穿过，就会“得巧”，赢得比赛。穿针乞巧始于汉代，《西京杂记》载“七月七日穿七孔针于开襟楼”，南朝《荆楚岁时记》中说：“是夕，妇人结彩线，穿七孔针，或以金、银、鍮石为针，陈瓜果于庭中以乞巧。”从唐宋到元，穿针乞巧一直十分盛行。《开元天宝遗事》中说：“宫中以锦结成楼殿，高百尺，上可以胜数十人，陈以瓜果酒炙，设坐具，以祀牛、女二星。嫔妃各以九孔针、五色线，向月穿之，过者为得巧之候。动清商之曲，宴乐达旦。士民之家皆效之。”可见唐代皇宫乞巧之盛。元陶宗仪《元氏掖庭记》也说：“九引堂台，七夕乞巧之所，至夕，宫女登台，以五彩丝穿九尾针，先完者为得巧，迟完者谓之输巧，各出资以赠得巧者焉。”赛巧之风一直盛行到元代。

在长达两千多年的中国农耕社会中，擅长女红都是女性持家的标准，赛“针”十分重要，能够赢得比赛的女性，一定是巧手中的巧手，可谓“巾帼巧匠”。过去讲究女红，广大妇女操持一家老小的衣物，少不了缝缝补补，针头线脑、鞋头袜脑，而待嫁之女七夕夜穿针引线，是对女性能否承担好家务的一种考察，也是古人对女性持家主张的一种倡导。

128.“种生”缘何成为一种乞巧?

“种生”也叫“泡巧”，是旧时七夕节的节日习俗，就是将豆或小麦浸在水中使其生芽，再用红蓝色的彩线捆束，称为“种生”，实际上是生育求子信仰的一种表现。

旧时，在七夕前十天左右，先在一个小木板上敷一层土，播上粟米的种子，让它生出绿油油的嫩苗，再摆到小茅屋、花木的上面，做成田舍人家小村落的模样，称为“壳板”。或将绿豆、小豆、小麦等浸泡在碗中，每天换水一次或两次，等到长出芽到五六寸的时候，就另换在小盆中。等到七夕，豆芽可长达一尺左右，再以红、蓝丝绳扎成一束，称为“种生”，作为一种得子得福的象征，又叫“五生盆”或“生花盆”。在我国武汉周边，也有一种“乞芽”习俗，一般在七月初一开始，将稻谷或麦子浸泡，家长会尽力让孩子们动手，以寄托对孩子的一份期许。到了七夕这天，将生出的嫩芽剪下来做汤，称为“巧芽汤”；或者清炒，有种淡草的味道和麦芽糖的甜味，很受孩子们的欢迎。还有的地方七月初七吃巧芽面，在七月初一选择绿豆泡芽，第七天出芽后，便剪下来做豆芽汤，用豆芽汤与肉丁浇头一起做手擀面吃，十分清香爽口。

129.七姐会与拜姐妹是怎么一回事?

织女又叫七仙女，民间也称七姐，故七夕节也叫七姐诞、七姐会、七娘妈寿等，是女性们拜织女的盛大节日。由于祭拜的时候，多是一群女性进行，于是也产生了女性姊妹结拜的礼俗。

女性们结拜，一般都是单数，三人、五人、七人等。在山东胶东地区，七夕这一天，年轻妇女要穿上新衣，于庭院中盟结七姐妹，拜七姐神，将织女敬奉成了一个神的形象。届时，还会制作一些“巧花”，即用面粉制成牡丹、莲花、梅花、兰花、菊花等花馍巧果。结拜姐妹的年龄不受限制，只要是情趣相投，便可自愿结拜成姐妹。通常要举行结拜仪式，焚香祭拜，敬酒宣誓，祸福相依，患难与共，皇天在上，后土为证。在我国古代，结拜姐妹也叫“义结金兰”。金兰被古人誉为王者之香，有香祖之称。人们透过兰花，展示自己的人格襟抱，姐妹情谊应如兰花的品质一样。“金兰”一词，出自《周易》：“二人同心，其利断金；同心之言，其臭如兰。”这里的“臭”指气味，意思是友情契合，友谊深厚。“金兰之交”“义结金兰”“契若金兰”，都是指这种交情的深厚，有“情比金坚”的意思。古代女性结拜仪式上，一般还会互相交换一些闺私，比如首饰、手帕之类，作为见证，象征女性之间不同一般的交情。我国是一个重视亲缘的国家，常常以“义结金兰”的异姓结拜形式巩固人与人的关系。

当然，“义结金兰”也可指男性结拜，《三国演义》中刘、关、张桃园结义，也是义结金兰。还有男女之间结拜的，隋末有个红拂女与她景仰的男子虬髯客结拜，还顺带拉来了与她一同私奔的意中人李靖，这结拜的三个人就被称为“风尘三侠”。古代男性结拜，除了仪式外，还要交换谱帖，故有换帖兄弟、叩头兄弟之称。

130.“七七”缘何成为神秘数字?

“七七”在我国古代是神秘数字，作为计算单位，往往以“七七”为终结。在古代，古人把日、月与五大行星（水、火、木、金、土）合在一起叫“七曜”，“七曜占”在我国古代星占学上十分重要，也指北斗七星。《汉书·天文志》载：“牵牛，日、月、五星所从起，历数之元，三正之始。”“七”与“期”同音，“七七”，月与日均为“七”，是重要的时间节点。

“七七”揭示了我国古老的数字崇拜现象，古代民间节日常常是“重日”，春节（过年）为正月正、龙头节为二月二、上巳节为三月三、端午节为五月五、重阳节为九月九，均为阴阳相通的日子。“七”本义为切断，按照阴阳学说，“七”是由阳转阴的分界，给亡人做道场，每七天一祭，俗称“做七”“烧七”，总共烧七次，一直至七七四十九天，以“七七”为完满。按照中国传统丧俗，七为节点，每隔七天是一个忌日，人死后需要遵循丧仪规矩祭奠死者，尤其重视“头七”“三七”“五七”和“七七”。儒家有“七虞之礼”，道教有“七七奠”，佛教也有“七七斋”的说法。

“七”与“吉”谐音，双七又有双吉之意，浪漫而吉利。在我国古代的计算工具算盘上，上下珠数也是“七”。在台湾省，七十七岁又称“喜寿”。

131. 为什么说牛郎织女是男耕女织社会的理想生活?

牛郎织女成为神话人物，由牵牛星、织女星的星名衍化而来。随着牛郎织女故事的人文化，两人的地位也发生了根本的变化，织女成了天上的仙女，牛郎则是人间的放牛郎，织女偷偷下凡私配牛郎，并生了一男一女两个小孩，两人过着男耕女织、儿女双全的人间幸福生活。这样一桩大好姻缘却被玉皇大帝拆散，因为在玉皇大帝眼里，七仙女与放牛郎属于“门不当，户不对”，严重违反了封建婚姻礼制。于是，便惩罚他们天地相隔，一年只能七夕在鹊桥见一次面。

牛郎织女的爱情悲剧，缘何会引起无数人的同情和共鸣？核心原因是牛郎织女代表了中国农耕社会“男耕女织”的理想生活。按照封建贵族礼制来说，牛郎与织女不在一个等级，身份上有很大的差别，牛郎也并不符合封建达官贵人家庭的择婿礼制标准。但是，广大老百姓却不这样认为，天上的仙女能够主动嫁给凡间的牛郎，是上天对勤劳忠诚老实人的褒奖，织女牛郎相知相爱是男女平等相爱、实实在在过日子的典范，也是中国农耕田园美好家庭的写照。

在长达两千多年的封建社会中，我国一直是以男耕女织的小农经济为经济支柱的，男管耕田，养牛耕地，解决家中的粮食问题和外部事务；女人织布，照顾孩子，做饭，解决家中的穿衣问题和内部事务。牛郎强壮，耕田挑水，织女心灵手巧，织布浇菜，夫妻恩爱，儿女双全，真可谓自给自足农耕社会最理想的家庭模式。人们羡慕牛郎织女的爱情婚姻，对其遭遇忿忿不平，于是不断为牛郎织女编织美丽的团圆故事。七夕牛郎织女的团圆，深深寄寓着中国人对男耕女织美好理想生活的向往。

132. 鹊桥缘何成为恋人桥?

在神话传说中，每年农历七月七日，会有飞鹊在银河上架起桥梁，让牛郎织女得以相见，称为鹊桥。鹊桥，也叫喜鹊桥，是传说中鸟神因被牛郎织女的真挚情感而感动，派喜鹊搭的桥。《岁华纪丽》卷三引《风俗通义》说："织女七夕当渡河，使鹊为桥。"相传为了让牛郎织女银河相会，各地的喜鹊飞过来用身体紧贴在一起，搭成了一座桥。鹊桥后来引申为能够连结男女之间良缘的各种事物，比喻男女结合的途径。

古今歌颂鹊桥的诗词很多，唐代诗人权德舆就有《七夕》诗写道："今日云軿渡鹊桥，应非脉脉与迢迢。"宋代词人秦观也有《鹊桥仙》写道："纤云弄巧，飞星传恨，银汉迢迢暗度。金风玉露一相逢，便胜却人间无数。柔情似水，佳期如梦，忍顾鹊桥归路。两情若是久长时，又岂在朝朝暮暮！"描写了牛郎织女分隔银河两岸的"传恨"和"不忍"，歌颂了长情永驻、坚贞不渝的美好爱情，表达了“两情若为久长时，又岂在朝朝暮暮”的婚姻观。悲哀中有欢乐，欢乐中有悲哀，悲欢离合，跌宕起伏，具有跨越时空的审美价值。

缘何选择喜鹊来搭桥？喜鹊在我国属于吉祥鸟，大多是成双成对生活，常常出没于人类活动的区域，喜欢将巢筑在民宅旁的大树上，白天在旷野农田觅食，夜间在高大乔木顶端栖息，是很有人缘的鸟类。传说喜鹊能够报喜，我国画家常把喜鹊与梅花画在一起，有喜鹊登枝、喜上眉梢等美好寓意。画两只喜鹊面对面叫“喜相逢”，双鹊中加一枚古钱叫“喜在眼前”，一只獾和一只喜鹊在树上树下对望叫“欢天喜地”。喜鹊是适应能力很强的鸟类，喜欢群聚生活，人越多的地方喜鹊也越多，是人类的好伙伴。

133.“牛郎织女石雕”缘何出自汉长安?

“金风玉露一相逢，便胜却人间无数”。牛郎织女的爱情传说故事在我国河南鲁山、山西和顺、山东沂源、河南南阳、河北邢台等十多个地方都有起源之说，都宣布自己是牛郎织女爱情文化的发源地，并有织女洞、牛郎庙等有关牛郎织女的故事遗迹十几处和地方志记载为证。

位于西安的斗门街道遗存着一对汉代的牛郎织女石雕，是省级重点保护文物。据《汉书·武帝纪》记载，汉武帝元狩三年（前 120），为了征伐西南诸国，朝廷在长安斗门沣河东岸开凿昆明池，训练水军。池中刻制石鲸，并在池畔东西两侧分别立牛郎、织女石像，隔河相望，以象征天河。由此可见在西汉，牛郎织女及七夕的传说已经在汉都城长安存在。随着时间的推移，昆明池两畔的石像，被当地人尊称为“石爷”“石婆”，久而久之，人们对石像愈益崇敬，开始顶礼膜拜起来。唐德宗贞元十四年，又修织女庙设案供奉，千百年来香火一直很盛。

牛郎“石爷”像高258厘米，身体呈跪状，大眼阔鼻，表情朴实憨厚；“石婆”像高228厘米，上身微微向左扭转，作拢袖姿态，眉头微蹙，嘴角下撇，头结髻垂于颈后，颈部有断裂痕，身着右衽交襟长衣，双手环垂于胸前，表情忧郁。这两座汉代石雕遗物，在中国雕刻艺术史上占有重要地位。每年农历正月十七（传说是牛郎织女结婚日）与农历七月七牛郎织女相会日，当地群众都会举行大型祭祀石爷石婆庙会，西安各区县及咸阳、宝鸡、渭南等周边群众纷纷参加，规模盛大。如今，西安围绕牛郎织女（石爷石婆）的爱情故事，已经在汉代昆明池遗址上建成了昆明池中国七夕爱情文化主题公园，每年吸引着成千上万的青年男女前来欢聚、游览。

134. 乞巧果子是七夕的食俗吗?

七夕节究竟有没有美食？乞巧果就是七夕节的节日美食，只不过不太为人所知罢了。传说，有一位姑娘叫小巧，在七夕之夜做了一种小点心，焚香供奉牛郎织女。最终打动了玉帝，玉帝令月老牵线，成就了一段美满的姻缘。小巧所做的点心，被称为“巧果”或“乞巧果”。

关于“巧果”的记载，南朝《荆楚岁时记》中出现了“七月七日，为牵牛织女聚会之夜……陈瓜果于庭中以乞巧”的记载。很显然，这时的“巧果”是指“瓜果”，即时令水果之类。到了宋代，“乞巧果子”已经成为油炸小点心，主要原料是油、面、糖、蜜。《东京梦华录》中称“笑靥儿”，因“巧”与“桥”同音，因此人们认为七夕吃“巧果”，不仅能帮助牛郎织女在鹊桥相会，而且自己的心愿也能通过“巧”（桥）来实现。在我国山东，“巧果”属于传统糕点，民间以“七曲八弯”来形容“七巧”的形状，以芝麻为制作主料，有专门的巧果卡子，分油炸和烘烤两种烹饪方法，菱形小块，入口松脆，具有芝麻的香味。在上海郊区，新婚妇女七月初七走娘家，有携带巧果的礼俗。

七夕晚上人们把巧果端到庭院，全家围坐，品尝巧果。有的还要摆上酥糖，俗称“巧人”“巧酥”，形象如同织女，出售时又称“送巧人”，吃了就会变得心灵手巧。山东还有一种“巧巧饭”，七个要好的姑娘包饺子，把一枚铜钱、一根针、一个红枣，分别包到水饺里，乞巧仪式后，大家一起吃水饺，传说吃到钱有福，吃到针手巧，吃到枣早婚。

135. 为什么把七夕叫“牛七夕”？

七夕节在漫长的演变过程中，由牛郎星、织女星的节日，逐渐倾斜为织女星的节日。织女占据了乞巧节的中心地位，拜织女成为乞巧节的主要习俗，而牛郎则悄悄地被边缘化了。

在牛郎织女的爱情故事里，牛郎出生在一户普通的农家，父母去世后，牛郎只能和哥嫂一起生活。哥嫂待他很不好，只分给他一头老牛和一辆破车。他成为一个放牛娃，整日里与老牛亲密相处，忽然有一天，老牛开口说话，告诉他到碧莲池等待红衣仙女。等到仙女们来到仙池沐浴时，藏在芦苇中的牛郎突然跑出来，吓得惊慌失措的仙女们急忙飞走了，唯独剩下了最小的织女。在牛郎的恳求下，织女答应做他的妻子。婚后，牛郎织女男耕女织，相亲相爱，生活十分幸福，织女还给牛郎生了一儿一女。后来，老牛临死的时候，叮嘱牛郎要把自己的皮留下来，急难时披上有用。这个老牛，原来是天上的金牛星所变。

广大老百姓十分同情牛郎，也出现了七夕祭拜牛郎的习俗，被称为“牛七夕”。祭拜仪式中有一种特殊的供品，叫五生盆，专门用于拜牛郎。五生盆也叫生花盆，就是将绿豆、小豆（赤豆）、小麦等，用水浸于瓷器中，待生芽数寸，以红蓝彩线束之，放置到小盆内，七夕供祀牵牛星。清代《帝京岁时纪胜·七夕》中也有记载。据民国的一些书籍所载，广州在七月初七晚，也有拜牛郎的祭祀活动，一般由男童主祭。

136. 七夕节如何拜魁星?

古人的星宿崇拜远不止牵牛星和织女星。天上的二十八星宿中，以北斗七星最亮，北斗七星的第一颗星，古人称之为魁星，古代七夕也有拜魁星的礼俗。

古代科举考试，士子如果中了状元，被称为“大魁天下士”或“一举夺魁”。也有一种传说，七月七日是魁星的生日，在古代学子的心目中，魁星具有至高无上的地位，是我国古代主宰文运兴衰的神。因此，想考取功名的读书人，都特别崇敬魁星，于是七夕这天纷纷祭拜祈求魁星保佑自己考运亨通、中榜荣升，遂形成了女拜织女、男拜魁星的七夕礼俗。

在我国闽东一带，读书人特别崇敬魁星。七夕这晚，天井里往往摆上“拜织女”“拜魁星”两张香案，分成两个不同性别的小天地，非常热闹有趣。魁星像很有特点，因为“魁”字中有“斗鬼”的含义，所以在古人眼里，魁星面目狰狞，金身青面，赤发环眼，头上还有两只角，整个形象仿佛是鬼的造型。这魁星右手还握有一管大毛笔，称朱笔，意为用笔点定中试人的姓名。左手持一个墨斗，右脚金鸡独立，脚下踏着海中的一条大鳌鱼（大龟），左脚摆出扬起后踢的样子，以求在造型上呼应“魁”字右下的一笔大弯钩，脚上是北斗七星，寓意“魁星点（踢）斗，独占鳌头”之意。拜魁星仪式的供品不可缺少的是羊头（公羊，留须带角），煮熟后两角束红纸，放在魁星像前。仪式在月光下举行，鸣炮焚香礼拜之后，大家在香案前围桌会餐。席间必进行一种“取功名”的游戏，以桂圆、榛子、花生三种果干，代表状元、榜眼、探花，一直玩到大家都有“功名”为止。

137. 我国藏族“雪顿节”有哪些仪式?

雪顿节是我国藏族的传统节日，一般在藏历的六月底（相当于农历的七月）举行。“雪”在藏语中是酸奶的意思，“顿”是“吃”“宴”的意思，雪顿节按藏语解释就是吃酸奶的节日，因此也叫“酸奶节”。因为雪顿节中有隆重的藏戏演出和规模盛大的晒佛仪式，又被称为“藏戏节”“晒佛节”，这个时期也是西藏一年中的旅游旺季。

由于夏季百虫惊蛰，万物复苏，其间僧人外出难免踩杀生命，有违藏传佛教“不杀生”的戒律。于是，藏历四月到六月期间，僧人只能在寺庙念经修行，一直到六月底方可开禁。待到开禁之日，僧人纷纷出寺下山，世俗老百姓为了犒劳僧人，于是备酿酸奶，为他们举行郊游野宴，并在欢庆会上表演藏戏。这就是藏族雪顿节的由来，后来内容不断增加，雪顿节遂成为藏族人民盛大的狂欢节。

雪顿节最隆重的仪式是“展佛”“晒佛”，人们朝佛像献哈达、顶礼膜拜、祈祷。巨型佛像长卷即唐卡展现于高山之间，十几公里之外都可远远地朝拜它。在展佛的同时，还要举行诵经、吹法号等盛大的佛事活动。巨幅唐卡平日深藏于寺院，人们只能在一年一度的展佛节上有缘观瞻。“展佛”“晒佛”的整个过程不到一个时辰，然后，唐卡被重新卷起，抬回到大殿敬奉，再要想观瞻，必须等来年才行。

藏戏表演是雪顿节的精髓。藏戏有600多年的传承历史，其舞韵、唱腔、服饰、面具都突出了自身的独特魅力。过林卡，是藏族人到风景优美的地方休闲游玩，也是雪顿节必有的节目。最后就是酸奶酒宴了，藏族同胞戴着最好的首饰，用各种酸奶、美酒庆祝，使节日氛围达到高潮。

138. 我国蒙古族“那达慕”有哪三大比赛?

“那达慕”是蒙古语，意思是“娱乐、游戏”。每年七八月份，是草原牲畜肥壮的季节，蒙古族都要举行隆重的“那达慕”大会，以庆祝丰收进行文体娱乐。“那达慕”大会是蒙古族十分重要的传统节日，有惊险刺激的赛马、摔跤、射箭三大比赛，还有引人入胜的歌舞和体育竞技项目。那达慕大会为期 5 天，成为内蒙古草原人民欢乐的海洋。

“那达慕”大会的三大比赛——赛马、摔跤、射箭最为吸引人，比赛激烈刺激，人气很旺。“赛马”是蒙古族男儿的三技之一，参加者有时全是少年，蒙古人从小就在马背上长大，都以自己有一匹善跑的快马而自豪。赛马分快马赛、走马赛、颠马赛。赛马活动时，彩旗飘飘，鼓角长鸣，热闹非凡。“摔跤”是蒙古族特别喜爱的一项体育活动，也叫蒙古式摔跤，比赛有独特的服装、规则和方法。摔跤手的皮坎肩的中央部分饰有精美的图案，脖子上缀有各色彩条“江嘎”——这是摔跤手在比赛时获奖的标志。摔跤比赛一跤定胜负，摔跤手挥舞双臂、跳着鹰舞入场，向主席台行礼，按顺时针旋转一圈，然后由裁判员发令，双方握手致意后比赛开始。规则是不许抱腿，不准打脸，不准突然从背后把人拉倒，不许拉扯头发、踢肚子或膝部以下任何部位。“射箭”是那达慕最早的活动内容，蒙古族射箭比赛分近射、骑射、远射三种，比赛的规则是三轮九箭，也就是每人每轮只许射三支箭，以中靶箭数的多少定前三名。

“那达慕”的前身是蒙古族的“祭敖包”，起源于蒙古汗国建立初期，成吉思汗为了检阅自己的部队、分配草场，每年七八月间举行“大忽力革台”（大聚会），将各个部落的首领召集在一起，举行那达慕。过去要进行大规模的祭祀活动，喇嘛焚香点灯，念佛诵经，后演化为三项比赛。那达慕大会有近八百年的历史，具有广泛的群众性，深受蒙古族人民的喜爱。

【捌】

八月十五月儿圆
——中秋节礼仪

139. 祭月与中秋缘何不是同一天?

中秋节起源于古老的祭月，古代帝王有“春祭日，秋祭月”的礼制，古时的祭月在二十四节气的秋分这天，也称“月夕”。太阳与月亮作为古代帝王心中的神，一直都有崇高的地位。最初帝王祭月与月亮圆否无关，古人祭月是天象崇拜，敬祭的是伟大的月神。

在我国传统节日中，中秋节出现较晚。“中秋”一词最早见于汉代文献，成书于两汉之间的《周礼》记载先秦已有“中秋夜迎寒”“中秋献良裘”“秋分夕月（拜月）”的表述。到了唐代，中秋风俗才在我国北方开始流行，逐渐成为官方认定的全国性节日。由于秋分每年的时间都不同，而且没有圆月，如果赏月不见月，难免有些扫兴，而农历八月十五正是一年中月亮最圆的日子，于是赏月就由秋分调到了八月十五这一天。

中秋节　李运正　撕纸画

唐人重娱乐，赏月之风兴盛，长安城中秋时到处都是赏月的人群，产生了唐玄宗游月宫等神话故事，使中秋节充满了浪漫色彩，也涌现出无数咏月的灿烂诗篇。到了北宋，出现了象征中秋团圆的月饼，苏东坡《留别廉守》一诗有“小饼如嚼月，中有酥与饴”的记载。《东京梦华录》中记载：“中秋夜，贵家结饰台榭，民间争占酒楼玩月。”说明宋代的中秋节不仅有月饼相赠，而且酒楼赏月之风也更加兴盛。明清时，中秋节已成为仅次于春节的重要节日，祭月、拜月、赏月、吃月饼、玩花灯等一系列习俗形成，成为中国人团圆思乡的盛大节日。

140. 祭月为何在秋分举行?

中秋节是由古代秋夕祭月演变而来的，没有秋夕祭月就不会诞生八月十五中秋佳节。秋夕就是秋分节气，为何古代帝王选择秋分这个节气祭祀月神呢？

秋分是二十四节气中产生比较早的，属于“四时八节”中的重要节气。春分平分春季，秋分则平分秋季，春秋是一年中两个最重要的阶段，也常被用作一年的纪年。秋分是秋季的第四个节气，时间在每年公历的 9 月 22~24 日，秋季前三个节气分别是立秋、处暑、白露。秋分之所以重要，一是寒暑平分，有平分秋色之意，也是由热转凉的重要节点。过了秋分，就是寒露、霜降了，气温明显降低，逐渐进入冬季，农谚有“白露秋分夜，一夜冷一夜”。二是昼夜均等，24 小时昼夜各 12 小时，各占一半。

古人将祭月定在秋分，看重的是秋分节气“平分阴阳、平均寒暑”的特点。古人讲究的是阴阳，秋分恰逢阴阳转化，秋分之前为阳、为暑，秋分之后为阴、为寒，在阴阳平分、寒暑平均的吉日，祭祀月神是对大自然规律的无限礼敬。古代帝王号称天子，代表的是天意，遵循的也是天意，通过祭祀月神期望护佑江山岁月和顺，四季平安，家国安康。

141. 祭月一直是帝王的礼仪吗？

古代祭月一直是帝王的礼仪，皇家的祭月活动一直是在“秋分”进行。而民间的拜月，则是在八月十五中秋节举行。不仅时间不同，地点不同，礼制也不同，不能混淆在一起。

从民俗文化来看，“祭”“拜”有不同的文化内涵。先说“祭”与“拜”的区别，“祭”是个会意字，像一只手将肉类祭品端到供桌之上，以此来供奉神灵或祖先，多用于人下葬以后。“祭”是华夏礼典的一部分，意为敬神、求神和祭拜祖先。“祭”有严格的等级，天地只能天子祭，诸侯大夫祭山川，士庶只能祭祖先和社神。“祭”的基调是庄重严肃的，而“拜”往往具有喜庆和热闹的气氛。

从周朝开始，历代帝王就有秋分祭月的礼制。秦始皇祭月于莱山，汉武帝“夕夕月，则揖”，行祭月之礼。一直到明清，北京阜成门外的月坛，是明清帝王祭月的地方。帝王祭月一直没有普通百姓参与，古人认为，日月代表阴阳两极，祭日祭月是护佑阴阳和谐的行为，日月代表宇宙阴阳，只有帝王才能与之沟通，所以祭月很早就被列为皇家祀典。明代帝王也是秋分祭月的，是在秋分日的亥时（21~23 点）迎月出，仪式有夕月迎神、饮福、受胙、送神等。清代帝王是选择秋分日酉时（17~19 点）举行祭月，重要年份皇帝会亲自前往月坛祭祀，其余年份由官员代祭。

142. 民间拜月有哪些礼仪？

古人拜月由祭月演变而来，拜月的对象是嫦娥或月光菩萨。民间拜月多选择在拜月亭、望月楼或家院中举行，更侧重以家庭、家族为主。人们选择八月十五拜月，是看重一轮明月的皎洁与吉祥，把月圆视为团圆的象征。

民间拜月的礼仪，更加简单，也显得多了几分温情。人们以虔诚之心拜祭嫦娥时，一是要沐浴更衣。拜祭仪式前，以洁身表示礼敬，服饰以华服为尚。二是陈设祭案。月出后，在向月亮的地方摆放好供案，点燃红烛，铺设好席子，做好迎神准备。三是拜礼就位。参拜者到位，执事、赞礼就位。四是拜月开始。赞礼唱：“拜月。”主拜祭出位，到拜祭席前，跪于席上。五是上香祭酒。赞礼唱：“三上香。”执事递上三支香，主祭在蜡烛上点燃，向月神鞠躬，再将香插于香炉中。如此三次。赞礼唱：“三祭酒。”执事斟满酒爵，递给主祭，主祭将酒洒在席前的地上，再将酒爵放到祭桌上，如此三次。六是宣读祝文。执事递上赞美月亮的祝文，主祭借月光与烛光，面向月亮展开诵读。七是焚烧祝文。主祭将祝文放到席前小盆中，焚烧。八是三拜月神。赞礼唱："拜月。"三拜平身，主祭及参祭者一起向月神行"再拜"之礼。九是行从献礼。赞者唱："从献。"主祭离开祭席，参拜者按照长幼之序依次来到祭席，跪，上香（拿三支或一支），默默祈祷心中所愿，然后向月神行拜礼一次，直至所有参祭者拜完。

最后，礼成分胙。赞礼唱："礼成。"至此，中秋拜月仪式完成，由主祭将月饼按人数均分，每人一份。拜月礼成后，赏月宴饮开始。

143. 民间拜月一般选择什么地点？

赏月　李运正　撕纸画

古代民间拜月没有特定的地方，选择余地较大，拜月亭、望月楼、家宅庭院都是可选之地，只要方便拜月、全家团圆就好。

拜月亭就是民间为拜月修建的亭子，元代关汉卿写过一本杂剧就叫《拜月亭》，讲书生蒋世隆与大家闺秀王瑞兰在兵荒马乱中悲欢离合的故事。王瑞兰一直惦记着蒋世隆，在拜月亭焚香拜月，祈祷世隆平安，最后有情人终成眷属。亭是我国的一种传统建筑，多建于路旁，供行人休息、乘凉、观景用。中国每一处园林都少不了亭子，木亭、石亭、砖亭、茅亭、竹亭等，形状有六角、八角、圆形等形状。拜月亭位置高，能望月，亭子在月光下很有意境，可供游人登楼望月抒怀。

在曹雪芹的《红楼梦》中，我们看到拜月是在大观园内举行的。第七十五回写道：月亮上来后，“园之正门俱已大开，吊着羊角大灯。嘉荫堂前月台上，焚着斗香，秉着风烛，陈献着瓜饼及各色果品。邢夫人等一干女客皆在里面久候。真是月明灯彩，人气香烟，晶艳氤氲，不可形状。地下铺着拜毯锦褥。贾母盥手上香拜毕，于是大家皆拜过”。接着是开始家宴，家宴设在大观园山之高脊凸碧堂内，贾母还折了一枝桂花，取蟾宫折桂之义，举行击鼓传花的游戏，若花落到谁手里，就要饮酒一杯，还要罚说笑话一个。最后是全家赏月，二更过了中秋赏月方散。

144. 中秋夜拜月讲究时辰吗？

古代帝王祭月要严格按照时辰举行，民间拜月则没有严格的时辰规定。按照月球运转的规律，通常每月逢十五，都有月圆之时，称之为“满月”或“望”，人们都能看到一轮明月。而农历八月十五，正值秋高气爽，天空清澈，是一年之中月亮最皎洁的时候。民间中秋拜月，各地都选择当地明月出来之时，而各地每年中秋月亮升起时的天气状况不一样，月亮出现的时间也不同，所以，只要在八月十五夜朝着月光焚香拜祝即可，不必太讲究时辰。

从古至今，大多数人都相信月亮和生命现象有关。月亮的盈亏也能引起人的“生物潮”，女性尤为如此。中国人以天为阳、地为阴，男人如日，女人如月，女人们每逢八月十五拜月，就是希望能让自己肤白貌美，“貌似嫦娥，面如皓月”。在中国，月亮与女性是分不开的，嫦娥仙子一直担当着中国女神的美丽角色。

中华文化对月圆之夜寄寓了无数的美好期盼，它代表思亲、乡愁、爱情、团圆。花好月圆成为中秋节最美丽的风景，八月桂花最香之时，恰逢月亮最圆之际，寓示着丰收圆满。古今不少诗篇都对中秋月圆进行过生动描写，唐代诗人杜甫有《月圆》一诗：“未缺空山静，高悬列宿稀。故园松桂发，万里共清辉。”诗中写月亮、写月光，远在他乡无法与亲人团聚的游子，只能借月亮遥遥地寄托对亲人的思念之情，既然无法团聚，就只能“万里共清辉”了。

145. 嫦娥究竟是怎样一个神?

嫦娥是古代神话中的仙女，传说她是三皇五帝之一帝喾的女儿、后羿之妻，美貌非凡。她因为偷吃了后羿从西王母那里要来的不死药，就飞进月宫，奔月成仙。嫦娥一直居住在月亮上面的广寒宫中，变成了捣药的蟾蜍。后来，道教将嫦娥与月神太阴星君合并为一人，使其成为月亮女神。

关于嫦娥偷吃后羿不死药之事，流传着不同版本，但总的来看，对嫦娥的同情赞美之说成为主流。其中被逼无奈的说法，令大多数人接受。故事是这样的，传说后羿射下九个太阳，受到百姓的爱戴，不少人前来学艺。于是小人逄蒙也混了进来，后羿从西王母处求得不死药让嫦娥保管，不料被逄蒙发现。一天逄蒙乘后羿外出时逼嫦娥交出不死药，嫦娥临危之际只好吞下药，却没有想到飞升到月亮上下不来了。后羿回家寻妻不得，只能仰望月宫呼唤嫦娥，嫦娥因为无法返回人间，成了月亮女神。

嫦娥奔月的神话传说，见于《淮南子》。也许因为嫦娥奔月变成了蟾蜍令人十分同情，于是嫦娥奔月的故事就逐渐演变成为一个哀艳的爱情故事。后世人们对嫦娥的故事进行了很多加工、修饰，以鲜明的态度歌颂、赞美嫦娥，使嫦娥的形象与月同美，使之符合人们对美的追求。李商隐就曾感慨道："嫦娥应悔偷灵药，碧海青天夜夜心。"更多的人把嫦娥当作可以倾诉的仙子，天上的嫦娥也给我们带来了许多欢乐。中华民族在嫦娥形象上寄予厚望，探月工程就以"嫦娥"命名。

146. 拜月都需要哪些供品?

民间拜月要在向月亮的方位设案摆供，要提前准备拜月的器具：祭桌或祭案一张、草席若干条，行拜礼之用；香炉一盏、香若干、盘碟碗盏等祭品盛器若干、红烛两根，照明、烘托气氛及点香用；酒、酒爵三只。一切拜月器具要提前准备好，只等月亮升起来。

民间拜月的供品，不像皇家祭月那么讲究。秋天是丰收的季节，尤其是瓜果丰收。所以，时令水果是清供月神的主要供品，西瓜、苹果、红枣、李子、葡萄等都可以。拜月中最重要的供品是月饼，月饼出现得比较晚，却是八月十五拜月的主角。月饼以月圆的形象制饼，是最好的中秋节供品和食品。拜月时以月饼礼敬月神，并分胙，是中秋节最美好的记忆。明清时期，老北京中秋节还供奉"兔儿爷"，人们按照月宫里有嫦娥玉兔的说法，把玉兔进一步艺术化、人格化，用泥巴塑造不同样式的兔儿爷，融祭祀与娱乐功能于一体。

民间拜月仪式中还有祝文，祝文以庄重典雅、凝练优美为宜，“以人告神，则为祝文”。祝文有固定的格式，多为四言体的韵文，讲究诗词的平仄格式和押韵规则，内容主要是敬神。拜礼完成后，祝文要烧掉。

147. 兔儿爷缘何在老北京最火?

兔儿爷是明代出现在北京的，明纪坤在《花王阁剩稿》中记载：“京师中秋节多以泥抟兔形，衣冠踞坐如人状，儿女祀而拜之。”这是最早的关于兔儿爷的记载。北京人把玉兔称为“爷”，“爷”是对地位尊贵者的敬称，在这里使用虽没有敬神的庄重，却非常亲切。民间拜月祭兔，此兔是天上广寒宫的玉兔，兼有神性。

兔儿爷既是拜祭品，又是中秋节儿童的玩具。有人仿照戏曲人物，把兔儿爷塑造成金盔金甲的武士，它们有的骑着狮、象，有的背插纸旗或纸伞，或坐或立，十分讨人喜欢。一到中秋节，兔儿爷就摆出来了。著名作家舒乙说：“童年时候的兔儿爷就是中秋节的象征，没有了兔儿爷好像就不是中秋节。孩子们都得买兔儿爷，大家都觉得要是连兔儿爷都不买那还怎么得了。”兔儿爷成为老北京中秋节最火的节日玩具。兔儿爷是用模子翻塑出来的，大的有三尺多高，小的只有三寸，多是粉白面孔，左手执杵，做捣药状。

兔儿爷体现了老北京人的精神，表现了老北京人乐观豁达面对生活的态度，逐渐成为北京文化的标识之一，是颇具地域代表性的节日民俗符号。

148. 为何说“月是故乡明”？

“露从今夜白，月是故乡明”，出自唐代诗人杜甫的《月夜忆舍弟》这首诗。这首诗是杜甫在安史之乱中写的，在边塞的秋天里，一只孤雁在鸣叫，今夜就进入了白露节气，月亮还是故乡的最明亮，兄弟却失散了不知生死，这句诗表达了诗人对兄弟的思念之情。同一轮明月，但家乡的最明亮，这是中国人最大的乡愁。中秋节恰逢一年已过半了，却往往有人思家而不能回家，望乡而不能还乡，月圆而人不能团圆，所以只有一轮明月寄相思，表达了游子对故乡的深深思念之情。

白露是秋季的第三个节气，也是孟秋的结束，仲秋的开始。白露基本结束了暑天的闷热，天气渐渐转凉，寒生露凝。古人以四时配五行，秋属金。五行配五色，白色为金，以白形容秋露，故名白露。白露节气过后，就是秋分节气，大自然寒暑平均、昼夜分明，一轮皓月当空，“露从今夜白，月是故乡明”就是这个清秋明月季节的绝佳写照。

中国人有望月思乡的传统，当代著名学者季羡林在年近耄耋时写道：“见月思乡，已经成为我经常的经历。思乡之病，说不上是苦是乐，其中有追忆，有惆怅，有留恋，有惋惜。流光如逝，时不再来。在微苦中实有甜美在。月是故乡明，我什么时候能够再看到我故乡的月亮呀！”（《月是故乡明》）年年中秋，年年对月，中国人对月圆月缺有无限的诗情。李白写下了“举头望明月，低头思故乡”（《静夜思》）；张九龄写下了“海上生明月，天涯共此时”（《望月怀远》）；王建写下了“今夜明月人尽望，不知秋思落谁家”（《十五夜望月寄杜郎中》）。这些感人肺腑的月亮情怀，是中国人爱月亮、爱故乡、爱祖国的精神传承。一轮明月，一缕乡愁，是所有中华儿女心中永不磨灭的文化基因。

149. 缘何“十五的月亮十六圆”？

八月十五月儿圆，这是古人为何把中秋节从秋分节气移到农历八月十五的重要原因。可民间有“十五的月亮十六圆”的说法，这究竟是什么原因？

我国实行的农历是阴阳合历，每月初一是“朔”，十五为“望”，从“朔”到“望”，再从“望”到“朔”，平均周期是29.53天，周期相差13个小时。同样是初一，“朔”可能发生在凌晨，也可能发生在晚上，这样月圆的“望”，最早可发生在八月十五的凌晨，最迟可出现在八月十七的早上，所以可能需要16~17天，这样就出现了十五的月亮十六圆或十七圆的情况。这都属于月亮运行的正常情况，不必奇怪。月亮与太阳的经度相差180度时，从地球上看，恰好是脸对脸，才能看到圆月。但是，月亮绕地球运行的轨道是一个椭圆，时近时远，最近处相距36万千米，最远处相距40万千米，由于万有引力的关系，近时走得快一些，远时走得慢一些，月亮转动的快慢决定“望”（满月）的时间差异，农历十四、十五、十六、十七都有可能，但以十五、十六居多。所以，我们常说“十五的月亮十六圆”。

要说明的是，月亮并不是只有农历八月十五或十六才圆，而是每过29.5天就圆一次，只不过农历八月十五，天高云淡、清秋无云，这一天的月亮是一年中最明亮的而已。一年里月亮要圆12次或13次。月亮的形状也很多样，有“新月”（朔）、“蛾眉月”（夕落）、“上弦月”（农历初七、初八左右）、“满月”（农历十五或十六）、“下弦月”（农历二十二、二十三）、“残月”（日出），一月之中，月亮的变化就是这样循环往复的。

150. 月饼究竟起源于哪个朝代?

月饼是中秋节的代表性食品，“月饼”一词的出现比较晚，大概在我国北宋。到了明代，中秋吃月饼成为普遍流行的习俗，明代沈榜在《宛署杂记》中记载：“士庶家俱以是月造面饼相遗，大小不等，呼为月饼。”《酌中志》中也讲道：“八月，宫中赏秋海棠、玉簪花。自初一日起，即有卖月饼者……至十五日，家家供月饼、瓜果……如有剩月饼，仍整收于干燥风凉之处，至岁暮合家分用之，曰团圆饼也。”应该说，到了明代，吃月饼才真正在民间盛行起来。

但饼的起源在我国比较早，《说文解字》载：“饼，面糍也。”《释名》记载：“蒸饼、汤饼、蝎饼、髓饼、金饼、索饼之属，皆随形而名之也。”秦汉之前中国人就以汤饼或者蒸饼为主食。汉代控制西域后，引进芝麻、胡桃，为饼类制作增添了新辅料，这时便出现了“胡麻饼”，类似今天新疆的馕。到了唐朝，“胡饼”是一种非常受欢迎的食物，也被锦衣玉食的皇家所钟爱，唐代诗人白居易《寄胡饼与杨万州》一诗写道：“胡麻饼样学京都，面脆油香新出炉。”唐代还流传着中秋月夜唐玄宗让杨贵妃为胡饼改名的传说故事。

南宋吴自牧《梦粱录》中记载，月饼是菱形的，和菊花饼、梅花饼、五仁饼等同时存在，并且“四时皆有，任便索唤，不误主顾”。可见这时的月饼不仅是中秋节吃，其他季节也吃。北宋诗人苏东坡《留别廉守》诗中有“小饼如嚼月，中有酥与饴”的诗句，说明北宋时已经出现了月饼，月饼的馅料已有酥油和糖了。明清时期，月饼在民间广泛流行，心灵手巧的饼师，把嫦娥奔月的神话故事作为艺术图案印在月饼上。清代制作月饼的技巧越来越高，清人袁枚在《随园食单》中记载，刘方伯月饼，“用松仁、核桃仁、瓜子仁为细末，微加冰糖和猪油作馅，食之不觉甚甜，而香松柔腻，迥异寻常”。

151. 月饼缘何成为中秋节最具代表性的美食?

元宵节吃汤圆，端午节吃粽子，中秋节吃月饼。应该说月饼是中秋节绝对的主角，是中秋节最具代表性的美食符号，正因为如此，中秋节也叫月饼节。

首先，月饼最能代表月圆的含义。八月十五月儿圆，而与月圆主题最合拍的就是月饼。天上的月亮是圆的，地上的月饼的形状也是圆的，团圆是中秋节最核心的主题，故月饼也叫团圆饼。月饼成为这个节日最吉祥的表达，也最受中国人欢迎。其次，月饼更能凸显中秋节的文化元素。经过漫长的历史发展，从外在形状上，月饼在古代胡饼、面饼的基础上，不断进行改进，形状更像一轮明月。不少月饼上有月宫、嫦娥、玉兔的图案，甚至有“花好月圆”等吉祥文字，突出了中秋节的主题内涵。

月饼成为中秋节最流行的节日伴手礼，人们通过中秋节互赠月饼，表达对亲朋好友团圆幸福的美好祝愿。月饼制作的工艺日渐完美，口味也更加丰富，现在已形成京、津、苏、广、潮五种风味系列。京式月饼体现古都文化，选料考究、做工精致，馅料以素见长。津式月饼以糖馅的提浆、白皮、翻毛等品种为主，皮细酥软，馅料适口。苏式月饼起源于苏浙地区，油糖皆重，松脆香酥，重油不腻，甜咸适口。广式月饼皮薄松软，香甜馅足。潮式月饼体现刚强与文雅兼具的潮汕文化，饼皮洁白，油不肥舌，甜不腻口，皮酥馅细。月饼常见的馅料有莲蓉、鲜肉、栗蓉、豆沙、五仁等，满足人们不同的需求。

152. 中秋吃蟹的渊源与礼俗是什么?

“秋风起，蟹脚痒；菊花开，闻蟹来”，在我国有中秋节吃蟹的习俗。

但螃蟹张牙舞爪，古代的北方人曾视之为怪物，不敢下嘴。那么谁是最早敢于吃螃蟹的人呢？鲁迅先生说：“第一次吃螃蟹的人是很可佩服的，不是勇士谁敢去吃它呢？”（《今春的两种感想》）关于吃蟹的史话，最早记载的是东汉郭宪撰写的《汉武洞冥记》：“善苑国尝贡一蟹，长九尺，有百足四螯，因名百足蟹。”魏晋南北朝时有“鹿尾蟹黄”一菜，隋炀帝有一种专用菜叫“镂金龙凤蟹”，是在醉蟹壳上镂刻龙凤图形装饰的工艺菜。

古人对蟹有不少赞美的诗句，唐代诗人李白有：“蟹螯即金液，糟丘是蓬莱。且须饮美酒，乘月醉高台。”（《月下独酌四首》）徐渊子也有：“不到庐山辜负目，不食螃蟹辜负腹。”（《游庐山得蟹》）古代中秋宴俗，宫廷最喜螃蟹，是脍炙人口的席上珍品。螃蟹用蒲包蒸熟后，众人围坐品尝，佐以酒醋，食毕饮苏叶汤，并用之洗手。清代剧作家李渔在《闲情偶记》中说：“蟹之鲜而肥，甘而腻，白似玉而黄似金，已造色、香、味三者之至极，更无一物可以上之。”

每年中秋节的时候，也是螃蟹最为肥美的时候。这时的螃蟹，含有丰富的蛋白质。另外，“蟹”与“谢”谐音，是非常好的馈赠亲友的节日佳品，中秋节时人们常常购买螃蟹送给亲朋好友，以表达谢意。吃螃蟹有讲究，螃蟹最精华的部分要数蟹黄和蟹膏。农历八月母蟹最肥、蟹黄足，农历九月公蟹最香、蟹脂多。为了不破坏螃蟹的鲜味，人们普遍采取清蒸的做法，在锅中放几片生姜去除蟹的寒性。吃蟹也有禁忌：不吃死蟹，不吃隔夜蟹，不过量食蟹，不与茶水、柿子、花生、冷饮等同食。

153. 中秋节缘何要喝桂花酒？

花好月圆是中国人最幸福的美景，这花就是桂花。八月桂花香，桂花是中国传统十大名花之一，清可绝尘，浓能远溢，堪称一绝。尤其是中秋时节，丛桂怒放，一轮明月下，把酒赏桂，陈香扑鼻，令人神清气爽。唐代诗人刘禹锡赞美道："莫羡三春桃与李，桂花成实向秋荣。"（《答乐天所寄咏怀，且释其枯树之叹》）唐代诗人宋之问也赞道："桂子月中落，天香云外飘。"（《灵隐寺》）可见对桂花评价之高。

桂花是富贵吉祥、子孙昌盛的象征。中秋节是一个团圆的节日，中秋佳节饮用桂花酒寓意家庭幸福，是中国人的节日饮食礼俗。桂花酒的历史十分悠久，到了清代，中秋节饮桂花酒蔚然成风，清代潘荣陛的《帝京岁时纪胜》载，八月中秋，时品饮桂花陈酒。

关于桂花酒有一个传说，那就是月宫里吴刚伐桂的故事。传说吴刚学仙有过，被罚到月宫里去砍一棵叫月桂的大树。吴刚伐的是不死之树，随创随合，永远伐不完，可见桂花树生命力之强大。每到中秋，桂花树就香飘四溢，传说桂花酒就是用吴刚传到人间的桂花酿造而成的。桂花酿酒的历史很早，早在屈原的《九歌》中，就有"援北斗兮酌桂浆""奠桂酒兮椒浆"之说。

桂花酒以桂花、山葡萄为原料，经过浸泡、过滤等一系列工艺酿制而成，属于果味调制的甜型、低度酒，颜色浅黄，酸甜适中，醇厚柔和，有浓郁的桂花清香，很适宜中秋佳节时饮用。

154. 中秋"偷菜"有何讲究？

我国地大物博，中秋节也有不少奇特的礼俗，令人叹为观止。比如在我国台湾省，中秋之夜就有未婚少女"偷菜求郎"的讲究。身穿节日盛装的姑娘，踏着月色来到意中人家中的菜园，偷偷摘蔬菜或大葱，如果摘到手，就预示着会嫁给如意郎君，台湾民间流传着"偷着葱，嫁好夫；偷着菜，找好婿”的谚语。事实上，“偷菜”只是个仪式，“求郎”才是目的。

中秋还有“窃瓜祈子”的习俗。在我国湖南衡阳一带，中秋节这一天，亲朋好友要给当地那些结过婚却没有孩子的人家送瓜。亲友们要提前数日，在这家主人的菜园子里偷一个冬瓜，不能让主人家知道，并且在中秋之夜将冬瓜绘成彩人，用衣服裹于其上，装扮成小孩的样子，敲锣打鼓地送到主人家。年长者将冬瓜放置在床上，用被子覆盖，还要念叨“种瓜得瓜，种豆得豆”。主人家则要请送瓜的人吃饭，当晚女主人抱着冬瓜睡觉，第二天再把冬瓜吃掉，据说十分灵验。在衡阳，村里凡是结了婚没有生育儿女的人家，只要人缘好，都会有人给他们“送瓜”。

在我国东莞一带，中秋之夜未婚男女会在夜晚三更焚香“乞月”，求月老赐一段良缘。月老，也称月下老人，是民间传说中主管婚姻的红喜神，也称媒神。月老这一形象最初在唐朝小说家李复言的小说集《续玄怪录·定婚店》中出现，书中记载唐朝元和二年（807），书生韦固巧遇月下老人，宋城县（河南商丘）的县令知道了这件事，就把韦固原来住的旅店题名“定婚店”，“月老”之名由此而来。月下老人以红绳相系男女，确定婚缘，体现了唐代人“前世今生缘”的认知态度，对于讲求门第观念的封建婚姻制度来说，月老的婚姻观念显然有很大的进步。

155. 中秋“烧塔”的习俗有什么寓意？

中秋“烧塔”是我国南方农村的一个节日礼俗，起源于元末明初人民反抗残暴统治之举。由于元代统治者采取各种歧视政策，导致人民流离失所、饥寒交迫，一些爱国志士纷纷奋起反抗。按照起义密约，刘伯温在月饼里藏纸条，八月十五日以举火为号，举行武装起义。后来，举火为号演变为烧塔习俗。中秋烧塔也有一种说法是与文天祥有关，文天祥曾在南方带兵抗元，为帮助文天祥渡河，村民在渡口砌起砖瓦塔，点燃稻草为其照明。后来，烧塔演化为祈求运势，“烧塔烧塔，越烧越发”“塔火烧得旺，来年猪牛壮”，烧塔的寓意也变为祝福生活像宝塔一样红红火火。

中秋“烧塔”仪式主要有三项：一是精心准备。农历八月十五早晨，要烧塔的家家户户都会早起杀鸡鸭，买猪肉、牛肉、月饼，做米果。二是砌塔堆塔。下午开始准备烧塔的材料，将塔基堆积好，随后开始砌塔堆瓦片，一直堆至塔顶。三是烧塔。塔底土砖留下一个“火门”放柴，整个瓦片被火烧得通红时，称“红塔”，一般都要烧到午夜；“圆形塔”寓意团圆，“方形塔”寓意四通八达，“多角形塔”寓意生财多道、生意兴隆。

在我国佛山，同样是烧塔，却是“烧番塔”，相传是为了纪念清朝末年抗法名将刘永福，将逃入塔中的侵略者烧死的战斗故事。“烧番塔”又叫烧花塔、烧瓦塔、烧瓦子塔。如今，寓意是祈求来年风调雨顺、生活幸福。中秋烧塔，通过红红火火的热闹场面，表达百姓对中秋的美好祝福。

156. 中秋缘何兴“舞火龙”？

舞火龙是农历八月十五传统的民俗活动，我国的广州、香港、重庆等地都有中秋舞火龙习俗。

缘何中秋要舞火龙？广州舞火龙与驱赶蝗虫有关。史载，咸丰年间这里遭遇到严重的蝗虫灾害，村民们通过田园“火攻”，最终保住了秋收。从此，中秋节舞火龙就成了当地祈福求吉、驱邪避灾的一种形式。在广州，中秋舞火龙要连续举行三天，最后一天，舞火龙达到高潮。在香港，每年农历八月十四晚起，铜锣湾大坑社区一连三晚举行盛大的舞火龙活动。火龙长达 70 多米，用珍珠草扎成32节的龙身，上面插满了长寿香。盛会之夜，一条条蜿蜒起伏的火龙在灯光与龙鼓音乐下欢腾起舞，十分热闹。

据民间传说，龙用火烧，火花袭人，不仅可以烧除身上的晦气，以求来年祛病免灾，还可以趋吉避凶，风调雨顺。在我国重庆铜梁，最火爆的莫过于舞火龙了。铜梁火龙，被誉为“龙舞”之首，是以1500摄氏度的铁水打金花，辅以不同材质的导引火、口中火等组成一片狂热的立体火阵，充满着惊险刺激。舞火龙以前用稻秆扎成龙头，龙身插满燃着的香，由精壮小伙子赤膊上阵，挥龙舞动。数百年来，这一民俗活动一直代代相传。每年到中秋节开始扎草龙，一般下午六点前扎好火龙，晚八点开始拜祭各个祠堂舞火龙，整个活动会持续到晚上十二点。铜梁舞动的火龙一般有两条，每条长20米，由11人组成，外加吹打乐队、铁水花队以及喷火、烟火、火流星等助阵，整个火龙队40余人参舞。舞龙者赤膊短裤，铁水花与火花形成火龙，让人又惊又怕又刺激，惊艳世界。

157. 厦门中秋节缘何要“博饼”？

中秋“博饼”是流行于我国福建厦门的一种民俗活动，后来传播到福建漳州的龙海、泉州的安海和台湾的金门等地。“博饼”是一种游戏，据说是郑成功发明的。1660年前后，郑成功占据厦门鼓浪屿抗清，其士兵多来自福建、广东等地，中秋前后他们愈发思亲怀乡。郑成功为了宽释士兵愁绪，经过一番推敲研究，巧妙设计出“博饼”游戏，让全体将士在凉爽的中秋夜晚欢快一博。

“博饼”也叫会饼，规则源于“状元筹”游戏。日期设在中秋夜，一般在中秋前十来天就开始了。传统的会饼是由大小不一的月饼汇聚而成的，一套会饼有：状元饼 1 个，对堂饼 2 个，三红饼 4 个，四进（士）饼 8 个，二举（人）饼 16 个，一秀（才）饼 32 个。在会饼中，“三红饼”味道最好，在闽南人的说法里，状元未必才高八斗，第三名反而往往有真才实学。因此，状元饼的味道也就一般。后来在博饼时，不一定都是月饼，出现了新的“会饼”，如果冻、薯片、可乐等。

博饼游戏开始时，在桌上放一大海碗，每人轮流抓取六个骰子，掷入碗里，发出叮叮当当的脆响。六个骰子，每个六面，设“状元”1 个，“榜眼”2 个，“探花”4 个，“进士”8 个，“举人”16 个，“秀才”32 个，共有 63 块饼，含有七九六十三之属，是个吉利数字。郑成功被封过延平郡王，郡王恰是六十三之数。闽南博饼风俗，最早是文人雅士的游戏，后来发展到广大商贾，为了避免掷骰子有“赌”的嫌疑，有的商家先把中秋饼敬财神、土地神，然后再博饼，最大的饼是“状元”饼。博饼讲究的就是一个开心，就是博一个好彩头。闽南人对中秋节格外重视，甚至有“小春节、大中秋”的说法。

158. 祭祀孔子诞辰有哪些礼仪？

孔子，名丘，字仲尼，鲁国陬邑（今山东曲阜）人，是中国儒家学派的创始人。孔子开创了私人讲学之风，倡导仁义礼智信，有弟子三千，其中贤人七十二。孔子晚年修订六经，去世后，弟子们将他的言行语录记录下来，整理编成了《论语》，被奉为儒家经典。孔子被后世尊为孔圣人、至圣先师。在孔子家乡山东曲阜，祭祀孔子的“祭孔大典”也成为“国之大典”。

祭孔典礼有两千多年的历史，最早可追溯到公元前 478 年，孔子卒后的第二年，鲁哀公将孔子故宅辟为寿堂祭祀孔子，孔子故居成为世界上第一座孔庙。汉高祖经过鲁国时以“太牢”之礼祭祀孔子，开历代帝王祭孔先河。汉武帝尊崇儒术后，各地纷纷修建孔庙。唐宋元明清时，祭孔升至帝王规格，清乾隆一人就先后8次亲临曲阜拜谒。18世纪以来，儒学随着华人的外移传播到海外，全盛时期，全世界孔庙达3000多座。

祭孔典礼称为“释奠礼”，“释”“奠”都有陈设、呈献的意思，陈设音乐、舞蹈，并且呈献牲、酒等祭品，对孔子表示崇敬之意。随着帝王的褒赠加封，祭典仪式日益隆重恢宏。最初每年秋季一次，后增加为春秋二次。最初祭孔人员只限于孔氏直系子孙，祭孔被当作国之大典后，国祭由皇帝专门指定大臣、地方官或皇帝自己亲至孔庙致祭。每年的祭孔典礼于农历八月二十七孔子诞辰日在山东曲阜孔庙（文庙）举行，是集乐、歌、舞、礼四种形式于一体的综合性祭祀，礼仪要求“必丰、必洁、必诚、必敬”。最重要的礼仪是三献礼，分初献、亚献、终献。献礼之前，主祭人要先整衣冠、净手后才能到香案前上香鞠躬，三献礼为初献帛爵，帛是黄色的丝绸，爵指仿古的酒杯。亚献和终献都是献香献酒。主祭人宣读并供奉祭文，而后全体参祭人员对孔子像行鞠躬礼，齐诵《孔子赞》。如今，祭孔大典分为明故城开城仪式、孔庙开庙仪式、现代公祭和传统祭祀四个部分，舞祭采用“八佾舞”，集中展现了“千古礼乐归东鲁，万古衣冠拜素王”的盛况。

【玖】

九月九日是重阳

——重阳节礼仪

159.“九”为什么是中国古代最大的礼数?

礼数是指礼节、礼貌的等级，晋代葛洪《抱朴子》就记载“制礼数以异等威之品”，唐代韩愈《桃源图》诗也有：“争持酒食来相馈，礼数不同樽俎异”，都强调了古人以礼数来区别不同等级的分配和秩序。

在《易经》中，一、三、五、七、九为阳数，二、四、六、八为阴数。“九”为阳数，故农历九月初九，月是“九”为阳，日也是“九”为阳，日月同阳，所以叫“重阳”。两“九”相重，也叫“重九”。“九”在中国传统文化中，是最大的阳数，也是“极数”。天之高为“九重”，地之极为“九泉”。“九”是民间信仰中最神秘的数字，古人多用“九”这一数字附会帝王，帝王被称为“九五之尊”——“九”是以最大的阳数代指阳爻，“五”是卦象自下而上第五位，居于上卦中央，故“九五”有中有正，用“九五”表达最尊贵之义。

“九九”为两个阳极之数重在一起，“九”也与“久”同音，寓意健康长寿。九九归一，一元肇始，万象更新，因此古人认为重阳是一个值得庆贺的吉祥日子。在我国古代，重阳节俗最早见于《吕氏春秋》，可以追溯到上古时代的秋季拜神活动。汉代《西京杂记》记载：“九月九日，佩茱萸、食蓬饵，饮菊花酒，云令人长寿。”三国时，魏文帝曹丕在《九日与钟繇书》中描述重阳节：“岁往月来，忽复九月九日。九为阳数，而日月并应，俗嘉其名，以为宜于长久，故以享宴高会。”魏晋时已经有了赏菊饮酒之俗。唐代，唐德宗将重阳节列为“三令节”之一。宋到明清，重阳节更加热闹，有登高览胜、以畅秋志之俗。2012 年 12 月 28 日，全国人大常委会表决通过《中华人民共和国老年人权益保障法》，将每年农历的九月初九定为老年节。重阳节将设宴敬老、饮宴祈寿主题与中国孝道伦理相融合，成为一个敬老孝亲的节日。

重阳节与登高　李运正　撕纸画

160. 重阳缘何要登高?

关于重阳登高，在我国南朝梁吴均《续齐谐记·九日登高》中记载："汝南（今河南汝南县）桓景随费长房游学累年。长房谓曰：'九月九日汝家中当有灾，宜急去，令家人各作绛囊盛茱萸以系臂，登高饮菊花酒，此祸可除。'景如言，齐家登山。夕还，见鸡犬牛羊一时暴死。长房闻之曰：'此可代也。'今世人九日登高饮酒，妇人带茱萸囊，盖始于此。"这是我国比较早的关于重阳为何登高的记载，文中指出登高的原因主要是"避灾""避祸"，而且还要佩戴茱萸、饮菊花酒。

重阳登高一方面是为辟邪，另一方面是为祈福。根据《礼记·祭法》记载："山林川谷丘陵，能出云，为风雨，见怪物，皆曰神。"这句话反映了古人对山岳本身保留的一份崇拜，重阳登高成为人们的一种祈福行为。按照古代阴阳法则，九月九是阳极转阴的时候，为了避免接触地面上的邪气，人们选择登高接触高处的阳气，也是一种有益健康的行为。我国自古就有"登高望远"的传统，登上高处，看得更远，目光更远大，胸襟更广阔。《荀子·劝学》云："吾尝跂而望矣，不如登高之博见也。"《孟子·尽心上》也云："孔子登东山而小鲁，登泰山而小天下。"说明人的视点越高，视野就越宽广，人生也会有新的领悟。秋季万山红遍，登高有调节心情的作用，明代刘基《旅兴》诗云："登高望四方，但见山与河。"人与山河相比，只是沧海一粟。

161. 古人一般选择哪些地方登高?

重阳节时，古人一般选择哪些地方登高呢？

首选登山。山是高大而神圣的，巍峨屹立，靠天最近，所以，古代皇帝也将祭山叫封禅，这足以证明山对于古人的重要性。“登山则情满于山”，重阳登高望远，目力所及自然会引发登高者的悠悠情思。唐代诗人王维《九月九日忆山东兄弟》：“独在异乡为异客，每逢佳节倍思亲。遥知兄弟登高处，遍插茱萸少一人。”这里的“山东”是指华山以东，因此时王维已迁居蒲州（今山西永济），在函谷关与华山以东。作为漂泊异乡的游子，王维遥想家乡登高的兄弟，表达了登高怀人、客中思乡的浓浓情感。

其次登楼。我国古代的楼阁多建于山上，或建在平原的制高点。楼阁为多层建筑物，江西南昌的滕王阁、湖北武昌的黄鹤楼、湖南岳阳的岳阳楼为我国三大楼阁，登楼就等于登高。王之涣《登鹳雀楼》：“白日依山尽，黄河入海流。欲穷千里目，更上一层楼。”表达了作者勇攀高峰、俯瞰一切的雄心。

最后是登台。台指高而平的建筑物，一般供眺望或游观之用。我国古台很多，现存最有名的有教稼台（陕西武功）、古琴台（湖北汉阳）、丛台（河北邯郸）、琅琊台（山东青岛）、戏马台（江苏徐州）、铜雀台（河北临漳）、拜将台（陕西汉中）、观星台（河南登封）等。陈子昂的《登幽州台歌》：“前不见古人，后不见来者。念天地之悠悠，独怆然而涕下！”思古忧今的情怀俱在其中。当然，古人也有重阳到寺庙登高的，寺庙多有佛塔等建筑，便于登高。

162. 茱萸为何成为重阳节最早的标志物？

插茱萸的习俗，最早始于西汉，晋代正式流行起来。《西京杂记》中就记载了汉高祖刘邦的宠妃戚夫人于每年九月九日，头插茱萸，饮菊花酒，食蓬饵，出游欢宴的情景。到了唐代，盛行插茱萸祝颂延年益寿，茱萸就成了重阳节最早的标志物。插茱萸之风，在当时十分普遍，大诗人杜甫《九日蓝田崔氏庄》有“明年此会知谁健？醉把茱萸仔细看”，储光羲也在《登戏马台作》一诗中写道：“天门神武树元勋，九日茱萸飨六军。”表明九月九重阳茱萸已经成为犒赏全军的奖品了。从先秦、两汉，一直到唐宋，茱萸一直是重阳节的主角。

茱萸雅号“辟邪翁”，又名“越椒”，是一种常绿带香的植物，有吴茱萸、山茱萸之分，都是著名的中药材，具有杀虫消毒、逐寒祛风的功能。重阳节正值秋冬交替，是疾病容易流行的时节。茱萸是一味中药材，尤其以吴地产的为佳，有温中止痛、降逆止吐之功。重阳前后，秋雨绵绵，衣物容易霉变，茱萸又有除虫作用。古人把茱萸作为祭祀、佩戴、药用、辟邪之物，形成了插茱萸风俗。所以，重阳节又叫“茱萸节”“茱萸会”。插茱萸的习俗到宋元以后逐渐消失，被戴菊花所取代。

163. 佩戴茱萸有何讲究？

在唐代王维的诗中，写道“遍插茱萸少一人”，很显然，茱萸在唐代是“插”在头上的。而在南朝吴均的《续齐谐记》中，道长费长房教给学生桓景的避恶方法是“盛茱萸以系臂”，很显然是“佩戴”在手臂上的。那么，茱萸究竟是插在头上，还是佩戴在手臂上的呢？

茱萸分山茱萸、吴茱萸，吴茱萸主要分布在长江以南，果实气味浓郁，辛辣而苦，呈五角状扁球形，颇具观赏性。吴茱萸是重阳节的当令佳品，不仅能辟邪消灾，而且还有观赏性。晋周处《风土记》载：“九月九日折茱萸以插头上，辟除恶气而御初寒。”从西晋到唐代，“插茱萸”是比较普遍的。也就是说，把吴茱萸的枝子、叶果一起折下来，插戴在头上，才是重阳节插茱萸的正统讲究。在我国古代，不仅女子留长发，男子也是留长发的，所以在头上插茱萸比较容易，这样山茱萸也可以入选，吴茱萸主要分布在南方，山茱萸则在北方地区多见，“遍插茱萸”也就可以实现了。

插茱萸是重阳节的正统习俗，但佩茱萸也没有错。因为佩戴的茱萸，其实是装有茱萸的香囊，将茱萸装在囊里佩戴在手臂上，与端午节佩戴香包具有一样的作用，都具有驱邪趋祥的寓意。

164. 菊花缘何叫“延寿客”？

菊花被誉为“延寿客”，出自宋代吴自牧的《梦粱录·九月》：“今世人以菊花、茱萸，浮于酒饮之。盖茱萸名‘辟邪翁’，菊花为‘延寿客’，故假此两物服之，以消阳九之厄。”明代杜芥《将之吴门述怀呈荔轩》也解释道：“延龄振芬葩，服之生羽翰。”菊花之所以被誉为“延寿客”，主要因为其具有“延龄”的作用。在《神农本草经》中有这样的记载，菊花味苦平，“久服利血气，轻身耐老延年”。菊花的解毒功效备受青睐，魏晋南北朝时期，就出现了喝菊花茶、饮菊花酒而得道升仙的传说。

菊花是我国的名花，有花中四君子之称。菊花不仅象征着天道所在，也象征着正直不屈和高雅纯洁的人格。菊花凌霜而开，傲然独立，象征着中华儿女的正直不屈。菊与梅、兰、竹一起被视为中国人气节的象征，屈原《离骚》有“夕餐秋菊之落英”，欧阳修《霜》有“奈寒惟有东篱菊，金蕊繁开晓更清”，都是以菊喻高洁品行，不与世俗同流合污。

菊花也称“九花”“九华”，其花有九瓣，恰与“九”合拍，九九重阳花开，当节绽放。清代兰陵忧患生《京华百二竹枝词》云：“名类纷繁色色嘉，秋来芳菊最堪夸。如何偏改幽人号？高唤街头卖九花。”菊花别名极多，据统计有四十余个，种类有杭菊、亳菊、滁菊、怀菊四大名菊，其中白菊养肝，黄菊清热。

165. 菊花缘何取代茱萸成为重阳标志物?

菊花与茱萸都是重阳节的代表性植物，茱萸被誉为“辟邪翁”，菊花被赞为“延寿客”，一个辟邪，一个延寿，功能各不一样。宋元以后，随着社会的日益进步，辟邪功能渐渐被忽视，延寿功能越来越受重视，最终“延寿客”取代了“辟邪翁”，菊花成了重阳节的重要标志物。

回顾历史，“茱菊之争”在唐代达到高潮，文人墨客更是你争我捧，对茱萸与菊花各自赞赏。唐代诗人杜牧有“尘世难逢开口笑，菊花须插满头归”，力挺菊花。王维则“遥知兄弟登高处，遍插茱萸少一人”，对茱萸情有独钟；白居易盛赞菊花“满园花菊郁金黄，中有孤丛色似霜”；杜甫则赞茱萸“明年此会知谁健？醉把茱萸仔细看”。当然，后来赞菊花的更占上风，孟浩然有诗“待到重阳日，还来就菊花”。元稹《菊花》也写道：“不是花中偏爱菊，此花开尽更无花。”唐人这种争辩一直延续到宋元，宋代诗人宋祁则有“白头太守真愚甚，满插茱萸望辟邪”，更是越老越爱茱萸。元代张可久则有“人老去西风白发，蝶愁来明日黄花”，赞美菊花之品质。茱萸也好，菊花也罢，都是重阳节的宠儿，各自发挥着积极的作用。

166. 缘何九月九也是古代的酿酒日?

九月九重阳节，也是我国的酿酒日。重阳之所以是酿酒日，是因为恰逢出新粮，好粮食是酿出好酒的第一保障。重阳节已是深秋，此时秋粮刚刚晒干入仓，没有霉变，质量有保障。俗话说“天下美酒出高粱”，新收割的红红的高粱，特别是糯高粱，含有比较多的单宁，酿出的酒特别清醇，许多好酒的主要原料就是高粱。此外，江西、湖南、广西一带用稻谷酿成米酒，有一种淡雅的米香。江浙一带喜欢用小米酿黄酒，别有一番风味。西北和内蒙古一带用玉米酿出的酒，有一种特有的甜味。还有使用多种粮食配在一起酿成的酒，都是采用了质量好的粮食。

当然，之所以选择重阳时节酿酒，与这时的气候环境也有很大的关系。重阳时节正值二十四节气中的寒露，秋高气爽，阳光和煦，降雨量减少，空气干燥，很适合酵母菌生存繁殖，可以更多地产生一些醇脂类物质，使酒液更香，酒味更醇厚。这时候酿酒，感染外界杂菌的机会大大减少。没有杂菌的干扰，酒的味道也会好一些。

167. 祭酒祖杜康有哪些礼仪?

我国各行各业都有祖师，与酿酒有关的是杜康。东汉许慎在《说文解字》中说：“古者仪狄作酒醪，禹尝之而美，遂疏仪狄。杜康作秫酒”，意思是说仪狄造的是“醪”，是一种糯米经过发酵的“醪糟儿”，性温和，其味甜，多产于江浙一带。而杜康造的是“秫酒”，“秫”就是高粱，也就是高粱酒。这说明杜康是高粱酒的创始人，加上三国时曹操的诗“何以解忧，唯有杜康”，使杜康的名字家喻户晓。

实际上，中国古代酿酒的历史源远流长，为酿酒业作出杰出贡献的并非一人，杜康只是其中的一位代表。在明代冯时化的《酒史》中讲到，杜康死后，人们尊杜康为酒神、酒祖，并立庙祭祀。杜康的故地，一种说法是在河南洛阳。在洛阳汝阳城北五十里建有杜康庙，门前还有一个雕栏池，长着一棵老态龙钟但枝叶繁茂的柘桑，人们称之为“酒树”。另一种说法是在陕西白水。唐代杜甫在安史之乱时，曾携家到白水投奔其舅崔少府，写了《白水明府舅宅喜雨》等诗多首，有“杜酒偏劳劝，张梨不外求”的佳句。

重阳日是各大酒坊酿酒祭祀的重要日子。在陕西白水县，重阳节全国酒界代表齐聚杜康庙，感恩这位善造美酒的圣人。造好酒与水关系重大，白水之泉水制的曲，是能酿出好酒的关键。每年祭拜杜康，还要举行封藏大典。仪式过后，村民们便用手指从神龛上的酒坛中蘸取酒液，涂在子孙辈的眉心，传说可以使子孙辈开窍，聪明伶俐。

168. 重阳糕缘何成为重阳节代表性美食？

重阳糕也称花糕，是重阳节的传统节令食品，最早叫“蓬饵”，“蓬”就是“蒿”，是一种草本植物。“饵”原义是一种用来引诱的食物，这里指糕饼，也就是古代的糕。《周礼·天官·笾人》中记载：“羞笾之食，糗饵，粉糍”，饵主要是祭祀或宴会上食用。汉代的“蓬饵”就是黍子年糕，有九月九日“食蓬饵”的习俗。唐代，九九食糕已经开始流行，《唐六典·膳部》中，就有“九月九日麻葛糕”的记载。至宋代，汴京（开封）、临安（杭州）及各地重阳节吃糕十分盛行。宋吴自牧《梦粱录·九月》载：“此日都人店肆，以糖、面蒸糕，上以猪羊肉、鸭子为丝簇饤，插小彩旗，名曰重阳糕。”明清时期重阳糕已成为重阳节家喻户晓的食品。

清代，因为重阳有登高的习俗，而在平原地区无山可登，“糕”与“高”谐音，于是就由登高想到了吃糕。吃糕表达两层含义：一是代替登高，二是表示步步升高。重阳糕在糕上有插小旗的讲究，寓意登高迎风飘扬、一帆风顺。重阳糕制作十分讲究，古时糕上有蜜饯、枣脯，中间夹有青果、核桃仁之类的干果。为了美观，人们把重阳糕制成五颜六色，还要在糕面上撒一些桂花。重阳糕讲究要有九层，像一座宝塔，上面有时还要做成两只小羊，取“重羊（阳）”吉祥之意。

169. 重阳缘何成为敬老节?

“九”是古代最大的阳数，“九九”与“久久”同音，于是“九九”就有了长长久久、长寿尊贵、健康长寿的隐喻，寄托了人们对老人健康长寿的美好祝福。发展到当代，重阳节被赋予了新的含义，2012年，我国把每年的农历九月初九定为老年节，对弘扬中华民族敬老、养老、助老的优良传统起到了推动作用。

传统的重阳节如今被赋予新的含义，将重阳节的长寿祈福主题变为了敬老尊老，这是对传统节日的一种创新和进步。相比单纯的祝福长寿，敬老对弘扬中华优秀传统文化更具积极的价值。敬老是中华民族的传统美德，古代先贤孔子就说过：“今之孝者，是谓能养，至于犬马，皆有所养。不敬，何以别乎？”意思是说，做子女的，如果仅是能养父母，并不尊敬他们，更不能以和颜悦色的态度对待他们，就不算真正孝敬老人。孟子则进一步指出：“老吾老，以及人之老；幼吾幼，以及人之幼。”如今，在老龄化到来的中国，九月九重阳节以尊老、敬老、爱老为核心，通过组织老年人秋游登高、设宴敬老、帮助孤寡老人等崭新的主题，和中国传统孝道伦理更相融合，成为重阳节的新趋势，既能满足老年人老有所为、老有所乐、老有所养、老有所依的需求，也让全社会能够有善心、善意和善行。

170. 古代的“千叟宴”究竟怎样办?

我国汉代就有敬老制度及其象征物，西汉建立后，朝廷安排把手杖制成斑鸠式样赐给老年人。“鸠”者“九”也，鸠杖是君王赐给高龄老人的“王杖”，凡是70岁以上的老人都由官府授以王杖，可享受一定的政治、经济待遇，享受“无官之禄”。

“千叟宴”是指清代敬老的宫廷大宴，最早始于康熙、盛于乾隆，在清代共举办了 4 次。举办“千叟宴”的目的是践行中华孝德，为亲情搭建一个沟通的平台。清代首次举行“千叟宴”，时间并不在重阳节，而是康熙 60 岁寿诞，时间是康熙五十二年（1713）三月，也称万寿节。首次“千叟宴”参加者都是为康熙祝寿的老人，年龄在 65 岁以上，官民不论，赴宴者有千余人，故名“千叟宴”。从西直门一直延伸到畅春园，设长达 20 里彩棚。第二次举行“千叟宴”是康熙 70 岁华诞，地点在乾清宫。清朝举办第三次“千叟宴”，主角是乾隆皇帝，时间是乾隆五十年（1785）正月初六，四海承平，天下富足，恰逢乾隆喜添五世元孙，乾隆在乾清宫举行了 3000 余人的“千叟宴”，参加者有皇亲国戚，也有民间奉诏进京的老人。当时推为上座的是一位 141 岁的老人，名叫郭钟岳。为此，乾隆和纪晓岚还为这位老人作了一个对子：“花甲重开，外加三七岁月；古稀双庆，内多一个春秋。”上联的意思是两个甲子 120 岁再加三七二十一，正好 141 岁。下联是古稀双庆，两个七十，再加一，正好 141 岁。清朝第四次“千叟宴”是乾隆 85 岁时举办，列名参席者 3056 人，列名邀赏者 5000 人。

171. 缘何有“小重阳”和“大重阳”之说？

民间都知道九九重阳节，却不知道还有大小重阳节。在我国一些地方，重阳节并不全在农历九月初九过，比如江苏邗江，以农历九月初一日为小重阳，九月初九为大重阳。湖南沅陵一带，乡俗以农历九月十三日为小重阳，十九日为大重阳。在广西扶绥，俗称重阳节为“九日”或“重九”，但此时正是农忙季节，于是人们改到农历九月二十九日庆祝。浙江东阳一带，九月九重阳节也非常热闹，人们喝菊花酒，登高览胜，开怀畅饮，可如果重阳节下雨不能外出，就改在九月十二日那天补上，称为“赛重阳”。

不管是小重阳，还是大重阳，都没有超出九月节的范畴。在《岁时广记》中，还记载有：“都城士庶，多于重九后一日，再集宴赏，号小重阳。”也就是把农历九月十日叫小重阳。唐代诗人李白有《九月十日即事》一诗，写道：“昨日登高罢，今朝更举觞。菊花何太苦，遭此两重阳？”这首诗借菊花的遭遇，抒发自己的惋惜之情。前两句写重阳登高，小重阳又来饮酒赏菊，后两句说菊花为何这样命苦，遭遇两次重阳，两次采摘。诗人李白借对菊花的“两重阳”两次采摘，表达自己一生多次受打击的人生创痛。

我国个别地方产生的“大小重阳”之别，再次证明我国节日习俗的多样性、复杂性。

172. 重阳缘何也是古代的“归宁日”？

旧时，重阳节也叫“女儿节”。《帝京景物略》记载：“九日……父母家必迎女来食花糕，或不得迎，母则诟，女则怨诧，小妹则泣望其姊姨，亦曰女儿节。”根据这种记载，凡出嫁的女儿，在九月初九这一天一大早回娘家，娘家准备好花糕迎接女儿，这便是重阳节的“归宁日”。应该说，重阳节步入深秋，一年将近过去三分之二，这时候回娘家看看，尽点孝心，是应该提倡的。

针对重阳“归宁”，我国一些地方却有些禁忌，比如鲁南地区，忌讳出嫁不到三年的女儿回娘家，只有三年期满后，才可以重阳节归宁。于是有“回家过重阳，死她婆婆娘”的民谚，意思是说结婚未满三年的女子如果重阳节这一天回娘家，对自己的婆婆不好。既然女儿不能回娘家，父母就派人送花糕给女儿家，希望女儿一家日子步步高。鲁北地区重阳节不仅要送花糕，还流行添冬装，怕女儿在夫家受气。实际上，重阳忌讳出嫁未满三年的女儿回娘家，是封建男权社会对女性的一种礼俗约束，目的是要让女性养成以父系家庭为本位的伦理，结婚三年以后，生儿育女，家庭才能稳固。否则，三天两头往娘家跑，心就安不下来，也会造成婆家与娘家的是非和矛盾，于是用“死婆婆”来吓唬回娘家的女儿。

羊有跪乳之恩，鸦有反哺之义，百善孝为先。重阳归宁，女儿们在这一天集体相约回家，感恩娘家，成为重阳节一道靓丽的风景线。

173. 我国高山族“观月祭”有什么礼仪？

高山族是我国台湾省的少数民族，福建等省也有散居。高山族是台湾省南岛语系各族群的统称，包括泰雅人、阿美人等。高山族的传统节日大都具有浓厚的宗教色彩，基本上是以祭祀礼仪的形式出现，如开垦祭、播种祭、除草祭、丰年祭、祖灵祭、渔猎祭等。

高山族阿美人的“观月祭”，是传统的祭祀节日。传说古代在花莲，有一座美仑山，山上住着三个小仙。他们本为善人，后来常常搞恶作剧，使农作物长不好。阿美人部落的几个首领，忍无可忍，扬言要把三个小仙赶到海里。于是，三个小仙提出三个条件：一是每年六月十五日举行捕鱼祭，二是八月三日举行狩猎祭，三是九月里举行观月祭，并要按照他们教的仪式去做，才能保佑阿美人年年丰收、岁岁平安。阿美人最终答应了这些条件。于是三个小仙当即离开了美仑山，跳入大海。从此，阿美人就在这些日子举行祭祀，“观月祭”就此形成。

观月祭在每年农历九月选择一个月明之夜举行。节前，由林寨中的十八岁至五十岁的男子，通过集资买一头水牛宰放在林中。节日当晚，男子们结伴来到树林，围着牛尽情歌舞，然后将牛肉切成块，按照村中长幼次序分配。妇女们戴上有羽毛装饰的各种形状的头冠，也来到树林中，并与男子们一起吃肉赏月，在竹笛、鼻箫、弓琴的伴奏下，载歌载舞，通宵达旦，尽兴方散。

【拾】

十月冽风送寒衣

——寒衣节礼仪

174. 十月一“送寒衣”有哪些礼俗？

每年的农历十月初一，我国北方地区在这一天祭扫烧献，纪念逝去的亲人，俗称“送寒衣”，也叫“寒衣节”。

寒衣节源于我国周代，根据《礼记·月令》记载，农历十月是立冬的月份，这一天天子要率三公九卿到北郊举行迎冬礼。礼毕返回，要奖赏为国捐躯者，并抚恤他们的妻子儿女，对那些牺牲的将士要“送寒衣”。也有人认为送寒衣习俗源于秦代岁首，秦代的岁首是十月一，有祭祀的习俗，又称“十月朝”“祭祖节”“冥阴节”“秋祭”，这一天要祭扫烧献，纪念仙逝的亲人。

农历十月一北方已进入寒冬，古时有授衣、祭祀、开炉等习俗，提醒人们注意寒冬要来了。这一天，妇女们要把棉衣送给远方戍边、服徭役的亲人，在为亲人送寒衣的同时，逐渐发展成为祭祀祖先、亡人的节日。真正广泛地为亡者送寒衣，应在宋代。宋代周密《武林旧事》载：“十月朔，都人出郊拜墓，用绵裘、楮衣之类。”至元代，将十月一日祭先上坟称之为送寒衣。《析津志辑佚·岁纪》载：“是月，都城自一日之后，时令谓之送寒衣节。祭先上坟，为之扫黄叶。”

寒衣节最有名的故事，就属孟姜女千里送寒衣了。相传，孟姜女的丈夫被抓去修长城，孟姜女千里寻夫，没想到丈夫已死。孟姜女昼夜痛哭，哭倒了长城，找到了丈夫的尸骨。千百年来，孟姜女哭长城的故事广泛流传，“送寒衣”的习俗也在民间扎下根来。

十月一送寒衣　李运正　撕纸画

175. 古代“九月授衣”是怎么回事?

《诗经·七月》有“七月流火，九月授衣”，这里的月份都是按照古代的十月历来划分的，因此“九月授衣”的时间与农历十月相近。“授衣”是指制备寒衣，古有“廷赐锦衣”之说。

在唐代，有专门的“授衣假”。《新唐书·选举志上》载：“每岁五月有田假，九月有授衣假。”唐代诗人张籍《和左司元郎中秋居十首》之九：“初当授衣假，无吏挽门铃。”唐代授衣假长达十五天，《太平御览》引唐代《假宁令》称：“诸内外官五月给田假，九月给授衣假，为两番，各十五日。”在唐代，大多数底层官吏是要回家帮助农事的，顺带整理带上自己的冬装衣裳。这个“授”，随着时代和语言的丰富，变成了“给予”“奖励”的意思，授衣就是给赠衣裳。唐代皇帝有逢年过节赏赐东西给大臣的习惯，特殊情况下赏赐宠臣、重臣“金紫之服”。“金紫之服”并非金色的服装，而是指紫服、金鱼袋。唐朝官员贵族的衣服颜色等级由高到低是紫服—绯服—绿服，金鱼袋是佩戴在身上标明身份的，金鱼袋之下还有银鱼袋。能够得到皇帝的赏赐，意味着受宠信和身份的高贵。

到了宋代，宫廷给官员发冬衣，直接就叫授衣，不过已经延迟到十月了。在宋代，十月朔的习俗主要有授衣、祭祀、开炉。吕原明《岁时杂记》载：“十月朔，京师将校禁卫以上，并赐锦袍……边防大帅、都漕、正任侯，皆赐锦袍。”宋人祭祀祖先用“绵裘楮衣”，后世称之为“寒衣”。

176. 寒衣节缘何有迎冬的礼仪?

送寒衣是农历的十月一，那么这时究竟是什么节气呢？由于我国古代使用的是阴阳合历，农历每年的十月初一有所变化，但一般都出现在立冬节气前后。立冬是进入冬季的第一个节气，冬也是“终”的意思，万物开始封闭收藏，表示自此进入了寒冷的冬天。

宋代诗人陆游在《立冬日作》中写道："方过授衣月，又遇始裘天"，说明了"授衣""寒衣"与立冬节气的关系。秋季的最后一个节气是霜降，气肃而凝，露结为霜，古人有"霜叶是寒衣"的说法。立冬节气，自古就有"迎冬"和"贺冬"的礼俗。古时此日，天子有出北郊迎冬之礼，并有赐群臣冬衣、抚恤孤寡之制。《礼记·月令》曰："立冬之日，天子亲帅三公、九卿、大夫以迎冬于北郊。"迎冬之礼是我国古代祭礼之一，冬天与北、与黑相配，所以古代迎冬在北郊，祭的是黑帝。故郑玄注："迎冬者，祭黑帝叶光纪于北郊之兆也。"黑帝是指颛顼，也是黄帝的孙子，颛顼制历法（颛顼历），创九州，作曲《承云》，史称五帝（黄帝、颛顼、帝喾、唐尧、虞舜）之一。

晋代崔豹在《古今注》中记载："汉文帝以立冬日赐宫侍承恩者及百官披袄子。"可见，立冬"赐衣""赐袍"是古代皇帝体恤百官的重要方式，而对"死者"和"孤寡者"的体恤和祭祀，也为民间"十月一送寒衣"的习俗开了上行下效的先例。

177. 寒衣节缘何形成了"路口祭"？

寒衣节是要墓祭的，但也有遥祭和路口祭。遥祭是因为人在异乡，不能亲自到祖先坟头祭祀，因此面朝故乡的方向进行祭拜。那么，"路口祭"是怎么回事呢？过去，人们送寒衣时，讲究在十字路口焚烧一些五色纸，用意是救济那些无人祭祖的绝户孤魂，以免给亲人送去的过冬衣物被他人抢去。

随着时代的发展，城市化进程加快，人们在寒衣节往往无法回到故乡。于是，十月一送寒衣，就常常选择"路口祭"。时间是十月一的晚上或提前一两天的晚上，选择一个离家近的十字路口进行祭拜。一般是拿粉笔在十字路口画一个圈，圈要留一个口，方向对着故乡。然后将纸寒衣等烧掉，边烧边说，希望祖先亲人能够收到，并叩头祭拜。通过这种方式，表达对故去亲人的追思和悼念。

民间有“早清明，晚十月一”的说法，所谓“早”是指清明祭祖选择上午，“晚”是指送寒衣选择晚上。近些年来，在城市里人们选择“路口祭”的越来越多。路口祭时，火苗四处飞溅，残留的灰烬严重影响了城市的环境。有些地方在十字路口设置了铁桶，让老百姓按照规矩烧寒衣，既延续了祭祀传统，又有利于城市环境。

【拾壹】

冬至时节一阳生

——冬至节礼仪

178. 古代帝王祭天为何要选择冬至?

祭天是古代重大祭祀，不同民族有各不相同的祭天仪式。祭天通常是“天子”之礼，通过祭天来表达人们对于上天滋润、哺育万物的感恩之情。祭天之所以选择冬至，是因为冬至系一年中白天最短的一日，也是白日逐渐加长的开始。冬至祭天寓意阴极阳升，万物生长。

古代帝王有夏至祭地、冬至祭天的礼制。夏至白天最长，却要祭地；冬至白天最短，却要祭天，反映了古人对自然规律的独特认识和充分尊重。祭天选择冬至，主要是冬至阴气达到鼎盛，阳气开始萌发，冬至一阳生，天代表阳，所以帝王在阳生开始之日——冬至，要率群臣到南郊祭天，祈求安度阳生。古人认为自冬至开始，天地阳气开始兴作渐强，是一个大吉之日。每一个祭祀，都是在迎接一个新的生命循环周期，正因为如此，古代将冬至放在与岁首同样的重要位置。

据文献记载，我国早在周代就有冬至祭天的习俗。祭祀之日，天子率百官清早来到南郊，进行隆重的祭天仪式。秦代有三年一郊祭的礼制。汉武帝时期，继续行三年一郊礼，第一年祭天，第二年祭地，第三年祭五畤（五方帝），每三年轮一遍。唐代祭天礼十分隆重，皇帝登坛献礼。宋代圜丘合祀天地，明代祭天典礼发展日益完善。最后一位在冬至祭天的是袁世凯，他是中华民国大总统，因复辟称帝而失败。祭天随着封建帝制的终结而终止。

179. “冬至一阳生”寓意是什么?

在我国二十四节气中，一般分为“节”与“气”两种，“节”常常出现在每月前半部分，“气”则出现在每月后半部分。宋代邵雍对“冬至一阳生”有独到的理解，他有名句：“冬至子之半，天心无改移。一阳初动处，万物未生时。”古人认为阳气下降到地心，到了冬至才开始渐渐外放。所以在冬至的时候，地心热量最足，冬天深井的温度会越深越高，反而越靠近地面的温度越低，就是因为地下有阳气。

冬至“一阳初动处，万物未生时”，阳气重新生起来了，冬至要进补，就是这个道理。这时人的消化能力特别强，补品吃进去，营养容易吸收。民谚有“冬至一阳生，三九补一冬”之说，古人养生讲要顺应四时，冬季是健康“储蓄”的最好季节，神志深藏于内。人在这个时候，要遵循“冬藏”的养生之道，把握好“冬令进补”的大好时节。按照传统习惯，冬至各家都会买一些鸡鸭鱼肉来“进补”，历来有“冬至进补，春天打虎”一说，因为冬至过后进入数九寒天，饮食上要多食用高营养、高热量的食物抵御严寒、增强营养，这是民间的大智慧。

冬至有三候：一是蚯蚓结，蚯蚓是一种阴曲阳伸的动物，冬至节气，蚯蚓会在土地里面蜷缩身体。二是麋角解，麋属阴性生物，冬至阳气初升，麋感知到了阴气的消退而解角。三是水泉动，阳气初生，森林里面的泉水开始流动，摸起来还很暖和。

180. 祭天的天坛为何要设在南郊?

古人认为天圆地方，所以把祭天的祭坛做成圆形，以象征天，这也体现了中国传统建筑讲究效法天人合一的宇宙观。西周的国都镐京南面高于北面，圜丘便建于南郊，以更接近于天。阴阳五行观念认为："南"为丙位，太阳光照的时间较长，属阳，所以选择天坛设在南郊。按照祖制，天坛在城南，为阳；地坛在城北，为阴。天坛"又圆又阳"，地坛则"又方又阴"。天坛要突出"天"，至高无上，最大数为"九层"；地坛则要亲切些，阴数最大为"八"，规模也要小三分之一。

位于西安南郊的唐代天坛，是我国现存最早的天坛遗址，始建于隋文帝开皇十年（590），迄今已有1400多年了。从隋初到唐末，天坛沿用了300多年，隋代2位皇帝、唐代19位皇帝（除顺宗、哀宗外）均在此处进行过祭天仪式。天坛古叫圜丘，又名圆丘，明清称作天坛。古人认为，"南"为乾位，属阳，光照时间长。隋唐的圜丘，便建在长安城郭城的南边，位于唐长安城正门明德门东侧950米处。北京的天坛，是明清两代皇帝祭天、祈五谷丰登的场所，方位也在北京的南部。圜丘天坛是举行冬至祭天大典的场所，每层各九级，内圈九块，以九的倍数依次向外延展，栏板、望柱也都用九或九的倍数，象征"天"数。

181. 帝王祭天都有哪些礼仪？

祭祀天神是人与天的交流形式，祭天仪式通常由“天子”担当，祈求上天保佑风调雨顺、国泰民安。冬至祭天仪式盛于唐宋，到了明清祭天礼更为隆重。

唐代祭天一年有多次，分别是正月上辛祈谷、孟夏雩祀、冬至祭昊天上帝等，大都在南郊圜丘举行。其中，冬至祭天之礼是圜丘祭天的主干与核心。关于唐代祭天仪式，《新唐书·礼乐志一》记载：“凡祭祀之节有六：一曰卜日，二曰斋戒，三曰陈设，四曰省牲器，五曰奠玉帛，宗庙之晨祼，六曰进熟、馈食。”祭前七日，皇帝与参加祭祀的官员便要开始沐浴斋戒，洁身净心，同时司礼官还要安排好一系列繁琐的准备工作。到冬至日那天，皇帝天不亮就要起床，从长安城北的寝宫赶往南郊的天坛。按照司礼大臣的指引，皇帝登坛献礼，敬献牺牲、玉帛等祭品，仪式庄严肃穆，盛大隆重。仪式包括斋戒、陈设、省牲器、銮驾出宫、奠玉帛、进熟和銮驾回宫等礼仪环节。唐代祭天礼除了延续前代礼仪之外，皇后也开始参加，显示了唐代女性地位的提高。

明清祭天礼仪隆重而繁琐，有迎帝神、奠玉帛、行初献礼、亚献礼、终献礼，皇帝受胙、跪拜、复位。然后是撤馔，乐奏“熙平之章”，这是仪式快结束的一个礼节。最后一项是送帝神，皇帝行三跪九叩之礼后，奏“清平之章”，祭品送燎炉焚烧，皇帝至望燎位，奏“太平之章”。

182. 为什么说“冬至大如年”？

冬至不仅是二十四节气之首，也是我国古代十分重要的传统节日，周朝时，我国执行周历，岁首从农历十一月开始，明确冬至前一天为岁终，冬至就是过年。到了秦代，改岁首为农历十月，但秦代很短，到了汉武帝又改岁首为农历正月。冬至从周到汉初长达数百年间一直是中国人的年节。汉代冬至虽不是官方的过年，但在民间的地位不减，一直被视为“冬节”“亚岁”“小年”，热闹程度并不亚于过年，故有“冬至大如年”的说法。

周代，冬至是一年的岁首，《周礼·春官》记载：“以冬日至，致天神人鬼。”目的是祈求消除国中的疫疾。汉武帝以后，正式将过年与冬至分开，但冬至仍然是汉代重要的节日，《后汉书》记载：“冬至前后，君子安身静体，百官绝事，不听政，择吉辰而后省事。”冬至显然成了汉代的节假日，君不听政，文武百官放假，军队待命，边塞闭关，民间也要休市，亲朋好友还要互赠美食美酒，热闹程度不亚于春节过年。魏晋时期，《宋书》记载“魏晋则冬至日受万国及百僚称贺……其仪亚于献岁之旦”。唐宋时期，冬至与岁首并重，唐朝冬至放假七天，宋代冬至也非常受重视，宋朝《东京梦华录》中记载：“十一月冬至，京师（今开封）最重此节，虽至贫者，一年之间，积累假借，至此日更易新衣，备办饮食，享祀先祖。官放关扑，庆祝往来，一如年节。”很显然，宋代冬至的庆祝仪式丝毫不亚于过年，这种现象一直延续到清朝。

183. 为什么冬至也叫“履长日”？

古人认为，自冬至日起，白昼一天比一天长起来，阳气回升，故叫“长至节”，也叫“履长日”。古文说：“冬至阳生，君子道长，故贺。”冬至开始数九，虽然白昼一天比一天长，但天气温度一天比一天冷，这时谷物已经入仓，又是农闲之时，所以就有了敬拜尊长、献履（鞋子）献袜的举动，履长日也就是指这种敬老尊老的习俗。

三国时曹植有《冬至献袜履颂表》："亚岁迎祥，履长纳庆。"意思是冬至迎纳吉祥，送鞋纳福。在冬至的时候家家户户都会赠送礼物，预示来年生活美好。履长之俗有多重意义，首先是古代女子在冬至日向公婆敬献鞋袜。冬至前农活基本结束，妇女正有时间操持女红做针线活，到冬至的时候能够做好鞋袜献给尊长。唐代笔记小说《酉阳杂俎》中载："北朝妇人常以冬至日进履袜及靴。"宋代阮阅《减字木兰花·冬至》就写道："晓云舒瑞。寒影初回长日至。罗袜新成，更有何人继后尘。"这里的"罗袜新成"，就是指"履长"敬老习俗。"履长"寓意"阳升于下，日永于天，长履景福，至于亿年"，由此可见，我国南北旧俗都流行这一习俗。

另外，冬至开始进入数九寒天，天气开始寒冷起来，这个时候正是尊长们需要衣物的时候，送一些过冬的衣物鞋袜给老人，让老人们穿新鞋新袜过冬十分有必要。冬至叫长至，与履长的意思合拍，也有祝福长寿的美好寓意，正因如此，履长的习俗一直延续到近代。

184. 冬至缘何有"隆师"的礼俗?

在古代，冬至也是中国最早的教师节，这一天要举行"隆师"活动。"隆"是尊崇的意思，"隆师"就是敬师、拜师。我国一向有尊师重教的传统，信奉"天、地、君、亲、师"。在中国传统中有"一日为师，终身为父"的说法，可见老师拥有几乎和亲长同等的地位。

这一天，塾师先要率领学生给孔圣人拜寿，然后弟子拜先生，窗友交拜。《新河县志》载："长至日拜圣寿，外乡塾弟子各拜业师，谓'拜冬余'。""圣"指孔圣人，拜完孔子后，师生同宴，十分热闹。在陕北民间，旧时的冬至节，这一天照例放假，家长要领上高年级学生，并带上各家准备的鸡、羊头、白面礼馍等礼品到书塾中拜谢先生，称为"追节"，学生们给先生打扫庭院、生火炉，气氛温馨。

冬至拜祭孔子，与春秋两次祭孔大典不同，因为重点是开学典礼，祭孔仅仅是一项仪程。这时拜祭的礼叫“释菜”礼。我国三礼中“君师礼”有释奠礼、释菜礼、释币礼等名目，释奠礼原为古代学校的祭祀礼仪，是设荐俎馔酌而祭，为孔庙祭礼中规格最高的一种。释币礼即有事之前的告祭，以币（或帛）奠享，不是常行固定的礼仪。而释菜礼是以菜蔬设祭，为始立学堂或学子入学的仪式。

185. 冬至“释菜礼”都有哪些仪式？

我国古代凡开始入学时，必须向先师行释菜之礼，以蘋蘩之属奠祭之，而不用牲牢币帛祭之。释菜礼最早出于《周礼·春官·乐师》：“春入学舍采，合舞。”也就是开始入学，必以“舍采（菜）”为敬。虽然菜礼薄，然“明有忠信之行，虽薄物皆可为用”。

释菜礼是从周朝兴起的一种尊师礼仪，重在“敬道”。“菜”究竟是哪些？郑玄在注中说：“祭菜，礼先圣先师，菜，谓芹藻之属。”应该说，先圣先师最初也没有具体的确指。后世举办“释菜礼”，最常见的祭品有四样：一是水芹，代表青年学子，《诗经·泮水》曰：“思乐泮水，薄采其芹。”古代学子中举后，须在泮水池里采些水芹，并插在帽子上至文庙祭拜先师；二是蔓菁，用以代表才华，为古祭品之一；三是红枣，寓意早立志；四是栗子，常被形容成饱满、坚实、谨敬之状，代表敬畏的心。此四样祭品虽简，但蕴含了对至圣先师的崇敬之心和有志于学的志向。据说“释菜礼”与孔子困于陈蔡有关。当时孔子七天没有吃上米饭，靠食野菜充饥，困顿如此，依然抚琴，弟子子路、子贡都感到穷途末路了，只有颜回内心坚定，每天“释菜于户外”，从野外采摘野菜放在孔子的住处门口行致敬礼。所以，“释菜礼”是古代凡入学者，必须向先师行的礼仪。

释菜礼兴盛于我国古代，到了近代西学东渐而被摒弃。

186. 古代冬至缘何要颁行“大赦免”？

在我国古代，“赦免”是国之大事，只有皇帝即位、改元、立后、建储、大丧、封禅、郊祀，以及遇到祭天等大事，才实行“大赦”。冬至要祭天，属于国家重要的礼仪活动，所谓“国之大事，在祀与戎”。祭天时，皇帝如果要改年号，也要举行大赦天下；有时战争胜利后祭天，为彰显国家强大，也会大赦天下。总之，“冬至一阳生”的特殊性，导致冬至成为古代重要的赦免日。

古代大赦最早在春秋战国时期就出现了。汉高祖刘邦为发展生产，繁衍人口，凡遇喜庆之大事，都要大赦一番，用以标榜皇恩浩荡，目的在于笼络人心。古代大赦分为四种：一是通常所说的大赦。二是曲赦，就是在部分地区内赦免罪犯。三是德音，即降低所受刑罚的方式。四是特赦，即对个别人赦罪。大赦制度是统治者用以调节统治秩序、缓解矛盾的工具之一。“大赦天下”就是既往不咎，不再追究过去的问题，给予新机会重新开始的意思。但大赦天下也是有限度的，谋反、欺君、与皇权相抗的政治犯，都不在赦免范围之内。一般而言，在皇帝觉得统治不太稳定时，大赦天下的频率最高。

大赦仪式的场面隆重，先树立金鸡，陈设大鼓。唐宋时期，金鸡成为大赦的象征，鸡有五德：“头戴冠者，文也；足搏距者，武也；敌在前敢斗者，勇也；守夜不失时者，信也；见食相呼者，仁也。”金鸡赦礼从五行思想“巽为鸡”“随风，巽，君子以申命行事”的观念而来。金鸡不仅具有礼仪功能，也蕴含着独特的政治文化意义。

大赦仪式中，皇帝驾临，钟鼓声震天动地，鼓声停，金鸡仰首，放赦书的彩盘降下，大理寺卿趋前叩拜，双手捧出赦书，高举头顶，大声宣读。读完，喝令开释。所有囚徒一齐卸掉枷锁，高呼万岁。皇帝稳坐宝座，接受臣民的欢呼叩拜。

187. “数九”究竟从哪一天开始?

“数九”，也称“冬九九”，是我国民众在长期的实践中，创造出的一种记叙冬季严寒变化规律的民谣。“数九”就是一个循环，古人以“九”为时间单位，从冬至日开始计算，经过九九八十一天，跨越严寒新春到来。

“数九”从冬至节气开始，俗称“交九”，意味着从这一天开始进入到一年中最寒冷的时节。冬至日为“一九”的第一天，依次经历冬至、小寒、大寒、立春、雨水、惊蛰6个节气，气温由冷变寒、由寒变暖。最冷的时间是“三九”，有“三九四九冰上走”之说，此时北方冰天雪地，寒冷异常，故有“热在三伏，冷在三九”的说法。

我国“数九”的习俗起源甚早，最迟在春秋时期的齐桓公时就有“九九”之说。据考古发现，我国敦煌汉简和居延汉简中，均有“九九”的残文。在《荆楚岁时记》里有记载：“俗用冬至日数及九九八十一日，为寒尽。”到了宋代，在周遵道的《豹隐纪谈》中就记有《九九歌》，内容与如今流行的九九歌相近。我国清代还有逢冬九九轮流做东请客的习俗，清代黄景仁《冬日忆城东诸子》诗曰：“东城旧有消寒会，几辈依然共往还。”消寒会也叫暖冬会，有热心者联络九人相聚，从一九到九九，九人各做东道主一次。针对“寒尽”，清代诗人张维屏有诗《新雷》：“造物无情却有情，每于寒尽觉春生。”诗中“寒尽觉春生”，写出了冬寒退尽、春天悄悄来临的情形。

188.“染梅”有什么讲究?

我国古代文人根据“数九”的方式，绘制了一幅图，叫九九消寒图。消寒图记载了冬至之后天气的阴晴，可以说是一种日历，它主要是采用图画的形式，在白纸上绘制九枝寒梅，每枝九朵，一枝对应一九，一朵对应一天，根据每天天气的实际状况，用特定的颜色，填充成一朵梅花，也可填充不同颜色代表不同天气的变化，最后形成了一幅九九梅花图，记录九九八十一天的消寒天气变化。

九九消寒图也是雅图，是古代士绅阶层的一种消寒方式。消寒图之所以能够兴起，一是农业生产的需要，古时没有气象服务，人们只好通过九九歌当中的阴晴雨雪等天象的变化，印证谚语，预卜来年丰歉。二是寓教于乐，通过九九歌对幼童进行知识启蒙，寓教于乐，大人小孩都可以理解。三是娱乐消遣，绘画和书写都是高雅的活动，染梅成为一种雅兴。四是熬寒的无奈之举，“数九”时节天寒地冻，寒风凛冽，染梅让人们熬冬的时候多了不少趣味。

九九消寒图主要题材是梅花，梅花是冬天的花，它傲霜凌雪，最受人们喜爱。明代刘侗《帝京景物略·春场》载：“日冬至，画素梅一枝，为瓣八十有一，日染一瓣，瓣尽而九九出，则春深矣，曰九九消寒图。”这里的“素梅”就是白梅，画梅、染梅，就是将白梅进行染色。文人雅士、闺中女子，每天用颜色染上一瓣，染完九瓣，就过了一个九。九枝染完，就出了九，九尽春深，一幅染梅图伴随着人们走过了寒冷的冬天。

189.吃饺子为何成为冬至最具代表性的食俗?

“十月一，冬至到，家家户户吃水饺。”我国北方有冬至吃饺子“消寒”

之俗，“冬至不端饺子碗，冻掉耳朵没人管”，“冬至不吃肉，冻掉脚趾头”。

据说，冬至吃饺子的习俗源于东汉名医张仲景。张仲景是河南南阳人，曾任长沙太守，著有《伤寒杂病论》。张仲景进则救世，退则救民，不能为良相，亦当为良医。他辞官返乡之时正值冬至，看到严寒中家乡百姓不少人的耳朵都冻烂了，便在南阳东关搭起医棚，支起大锅，为百姓医治冻疮。他把羊肉和一些驱寒药材放在锅里熬煮，然后用面皮包成耳朵模样的“娇耳”，煮熟后，免费分给有冻疮的人吃。百姓吃了“娇耳”，喝了“祛寒汤”，浑身暖和，两耳发热，冻伤的耳朵都治好了。后人学着“娇耳”的样子，做成食物，这就是饺子的由来。

饺子名目繁多，古时有“牢丸”“扁食”“娇耳”“粉角”等名称。三国时称“月牙馄饨”，唐代称“偃月形馄饨”，宋代称为“角子”，元代、明代称为“扁食”，清代则称为“饺子”。饺子起源于冬至，是冬至最具有代表性的美食。饺子形如元宝，有“招财进宝”之意。不同馅料的饺子有不同的讲究，芹菜馅中“芹”代表“勤”，韭菜馅中“韭”代表“久”，白菜馅中“白”代表“百”。饺子是中国老百姓最喜欢的美食，民间谚语有“好吃不如饺子”“饺子就酒，越喝越有”的说法，都是对饺子的由衷赞誉。

190. 北方的饺子与南方的馄饨是一回事吗？

饺子源于馄饨。混沌是中国人对开天辟地前模糊一团状态的形容词，这种用面皮包裹馅料的食物，无眼无口，没有七窍，人们就用“混沌”称之。南朝颜之推称：“今之馄饨，形如偃月，天下通食也”，说明最晚南北朝时期，馄饨已经是广泛流行的食物了。后来，根据形状的不同，把元宝形的“馄饨”叫饺子，在清代饺子的名声才大了起来。

饺子和馄饨都是中国人的美食，都是面皮里包馅，但有所区别：一是皮不一样。饺子皮厚，馄饨皮薄，饺子皮还可以是彩色的。二是外观不一样。饺子是元宝形的；馄饨是方形的、半圆形的。三是大小不同。饺子比较大，馅多饱满；馄饨比较小，馅少皮多。四是馅料不同。饺子馅料丰富，肉、蔬菜、鱼虾等皆可；馄饨馅料单一，纯肉馅比较多。五是烹饪有别。饺子煮的时间比较长，三次加水，三沉三浮后才熟；馄饨开水下锅，一漂起来就熟了，用时短。六是吃法不一样。吃饺子重蘸料，吃馄饨重汤料。七是吃的时间不一样。饺子是主食，是冬至、春节必备的节令美食，午餐或晚餐比较多食；馄饨主要用于早餐，口感细腻鲜美，汤汤水水的，早上吃了特别提精神。八是卖法不同，饺子一般论斤卖，馄饨论碗卖。

我国饺子叫法比较少，馄饨的叫法比较多，馄饨在巴蜀叫“抄手”或“龙抄手”、湖北叫“包面”、江西叫“清汤”、江浙叫“大馄饨”“小馄饨”、福建叫“肉燕”、两广叫“云吞”等，名称繁多。

191. 我国侗年有哪些仪式？

侗族是我国一个古老的少数民族，主要分布在我国黔、湘、桂一带。每年农历十一月初一至十一，是我国贵州侗族的重要传统节日“侗年”，也就是侗族人的春节。

侗年最重要的仪式是“斗萨”（即唱祭祖歌），“萨”是侗族南部地区崇拜最多的女性神，意思是祖母。侗族的女性神很多，有镇守桥头的女神、有传播天花的女神、有坐守山坳的女神等，但最至高无上的尊神是“萨岁”，传说她神通广大，主宰人间的一切。许多侗寨都建有“萨”的神坛，神坛有专人看护管理，每月的初一、十五都要烧香敬茶。侗年是侗族每年祭“萨”

最盛大的祭奠，一天都要唱祭祖歌，感恩祖先保佑。

侗年之所以叫“斗萨”，主要是过侗年的当天，侗寨要举行芦笙赛会、斗牛活动等，而这些“斗”赛活动，都要事先到“萨”坛前祭祀，以求平安顺利。节日期间，侗人吹起芦笙，唱起侗族大歌，迎接远方的客人。过侗年时，在贵州省榕江县西北部的侗族村寨，家家户户要将房前屋后打扫干净，然后杀猪宰羊，高高兴兴地迎接新年，许多人家还在此期间举办婚礼。这里的侗族村寨还要过两次“陪年”，所谓“陪年”，就是陪同邻近村寨的侗族过十一月的侗年及随汉族过春节，“陪年”增进了民族团结和村寨之间的友谊。节日前一天，家家户户准备豆腐、鱼虾，当晚用酸水煮熟，经一夜冷却成“冻菜”，节日当天以“冻菜”祭祀祖先。农历大年时要“还杨粑”，全家欢宴。当天的活动中让人感觉最欢乐的是斗牛比赛，晚上会鸣炮宴请胜利者。

【拾贰】

过了腊八就是年

——腊八节、除夕节礼仪

192. 腊日祭是汉民族古老的礼俗吗？

腊是祭祀名，岁末祭祀众神叫“腊”，故农历十二月叫“腊月”。据西汉戴圣《礼记·郊特牲》记载，腊祭是“岁十二月，合聚万物而索飨之也”。先秦时期的腊日是冬至后的第三个戌日，《说文解字》一书记载：“冬至后三戌日腊祭百神。”夏代称“清祀”，商代叫“嘉平”，周代叫“大蜡”，汉代改为腊。到了南北朝时期，腊日才固定在了腊月初八，古人在这一天祭祀祖先，祭拜众神，庆祝丰收，村人击细腰鼓，作金刚力士来驱逐瘟疫，有吃赤豆粥的礼俗。

“腊”有三种含义，第一种是“腊者，接也”，有新旧交替的意思。古人对时令讲究循环往复，农历十二月是一年的终点，也是即将迎来新一年的起点，故常用“腊月”来表达，体现新旧交替、循环往复的观念。第二是“腊者，同猎”，农历十二月是一年中最寒冷的月份，“三九严寒”，万物凋零。

古人常在这个月进行狩猎活动，从田猎中获取禽兽来祭祀祖神，故“腊”字从“肉”旁，就是用“肉”来进行“冬祭”。第三是“腊者，驱逐病疫”，“逐疫”是一种驱鬼避疫的仪式，常以傩舞进行祭祀。

腊日祭是我国汉民族古老的礼俗，腊祭的对象，主要是列祖列宗以及五位家神（门神、户神、天窗神、灶神、土地神）。

193. 古代腊日祭缘何要“赛鼓”？

先秦时的腊日祭非常隆重，这一天要祭祀祖先和神灵，祈求丰收和吉祥，正如《礼记》所载“一国之人皆若狂”，其中“赛鼓”最为震撼。明代诗人李先芳《腊日》诗中就写道：“村村闻赛鼓，又了一年中。”这里的“赛鼓”就是指赛神的鼓声。古人于腊日或腊日前一日击鼓驱疫，同时还有击鼓催春的风俗。

针对击鼓驱疫，《吕氏春秋·季冬》记载：“命有司大傩。”高诱注：“今人腊岁前一日，击鼓驱疫，谓之逐除是也。”在远古时期，“鼓”被尊奉为通天的神器，主要是作为祭祀的器具，在狩猎征战活动中，也被广泛使用。鼓为我国传统的打击乐器，有良好的共鸣作用，声音激越雄壮且传声很远。相传黄帝在征服蚩尤的涿鹿之战中，“黄帝杀夔，以其皮为鼓，声闻五百”（《太平御览》卷五八二引《帝王世纪》）。周代有八音，分别为钟、磬、琴、箫、笙、埙、鼓、柷，鼓为群音之首。鼓，俗可以为民间的欢庆锣鼓，雅可以进入庙堂祭祀和宫廷宴集。在古代，鼓还用于打击敌人、驱逐猛兽，具有报时、报警的作用。《荆楚岁时记》也记载：“十二月八日为腊日……谚言：腊鼓鸣，春草生。村人并击细腰鼓，戴胡公头，及作金刚力士以逐疫。”

而对击鼓催春，俗谚有“腊鼓动，农人奋”，是指腊冬之时，农事最紧要的是施肥。因此，腊鼓一响，农民就忙着往地里送肥了。

194. 腊八缘何成为佛教“成道日”？

腊日祭本来是古老的中国传统节日，到了南北朝时期受到佛教的影响，渐渐成为一个充满佛教色彩的节日。相传，距今2500多年前，释迦牟尼在成佛之前是一位王子，后弃位出家。他经过六年的苦修，身体变得极其虚弱，决定放弃苦行。此时遇见了一位牧羊女，呈献乳糜，他食后体力恢复，坐在菩提树下沉思，终于在十二月八日（腊八）这一天“成道”。为了纪念此事，佛教徒在腊八举行法会，以米和谷物煮粥供佛，谓之“腊八粥”，自此演变为腊八节。

佛教东汉时传入中国，起初并没有多大影响，但是，到了魏晋南北朝时期，由于社会长期动荡不安，饱受苦难的人们需要精神慰藉，再加上南朝梁武帝在位半个世纪，大力提倡佛教，于是寺塔林立，名僧济济。其后妃、公主兴造寺塔之风尤盛，南朝绝大部分佛寺皆在都城建康（今南京），唐朝诗人杜牧《江南春》写道：“南朝四百八十寺，多少楼台烟雨中。”据史料记载，南北朝时期，全国寺院达3万多座，僧人尼姑在300万人以上。上至皇帝，下到平民百姓，甚至一些儒生，都开始信佛。正因为此，在南北朝时期佛教影响最大，古老的腊日祭渐渐衰落，而宣扬佛教的腊八节在广大民间日益流行。腊八节固定在“腊八”这一天，是在我国南北朝时期，但真正将佛教的“佛成道日”与腊八节融合为一体，应该在宋代。

195. 腊八粥缘何成为腊八节最具代表性的美食？

我国腊日祭没有用粥祭祖的习惯，也没有喝腊粥的习俗。腊八这一天喝粥的文字记载，是从宋代开始的。徐珂《清稗类钞》载：“腊八粥始于宋，十二月初八日，东京诸大寺以七宝五味和糯米而熬成粥，相沿至今，人家亦仿行之。”南宋吴自牧《梦粱录》也记载：“此月八日，寺院谓之腊八。大刹等寺，俱设五味粥，名曰腊八粥。”到了清代，每年腊八节，北京的雍和宫都要举行盛大的腊八仪式，由王公大臣亲自监督进行。夏仁虎《腊八》一诗这样描写宫中腊八粥的盛况：“腊八家家煮粥多，大臣特派到雍和。圣慈亦是当今佛，进奉熬成第二锅。”

腊八和腊八粥　李运正　撕纸画

腊八粥作为腊八的饮食，有应和时令的作用。腊八是一年当中比较寒冷的日子，人的体质也变得比较弱，而一碗热腾腾的腊八粥，提高了耐寒指数，以丰富的营养让人体增强了免疫力。腊八粥作为腊八节的代表性美食，虽为节令小吃，但易于人体吸收、老少皆宜。一碗热腾腾的腊八粥，包含了人世间的关爱和温暖。

在我国民间，也有将腊八粥馈赠亲朋好友的习俗，如果把腊八粥送给穷苦的人吃，那是给自己积德积福，所以腊八前后有家家做腊八粥的习俗。由于过了腊八就是年，即使有剩下的，也取其“年年有余”的寓意。我国一些地方，也有将腊八粥在树干上涂抹一些的习俗，目的是希望万物有福，来年树木能多结果实。

196. 腊八粥与佛粥是一回事吗?

腊八粥与佛粥既有相同之处，也有所区别。

先说区别。清代苏州文人李福有诗云：“腊月八日粥，传自梵王国。七宝美调和，五味香糁入。”这里所说的“传自梵王国”，就是说腊八粥最早是来自佛陀释迦牟尼的梵王国，也就是牧羊女熬煮的“乳糜”。那么，牧羊女所熬煮的“乳糜”究竟是什么呢？“乳糜”实际上是用奶和酥油调制的粥，对人恢复体能有很大好处。应该说，牧羊女熬煮的“乳糜”是古印度一带的饮食风俗，但奶与酥油并不适合中国人的口味，于是熬煮粥就发生了变化，那就是将七宝五味和糯米熬煮的粥叫腊八粥。粥的食材加入了核桃、松子、花生等，没有了奶和酥油。正因如此，佛粥取自“乳糜”，严格说来是与中国的腊八粥有区别的。

再说相同。自从佛教传入中国，各寺院每逢腊八，都要举行纪念佛祖成道日法会，而且要施粥给门徒和善男信女。于是，腊八之前，由僧人持钵，沿街化缘，将收集的米、栗、枣、果仁等各种食材煮成腊八粥散发给穷人，大家认为吃了既可暖胃取暖，同时可以得到佛陀保佑，于是久而久之，贫穷人家就把腊八粥称作“佛粥”。宋代大诗人陆游就有诗云：“今朝佛粥更相馈，更觉江村节物新。”由于寺院的佛粥美味且量多，能满足来寺院的广大善男信女的需求，使不少信众专门奔“粥”而来，认为寺院的腊八粥更吉祥，不仅自己食用，还带回家供家人享用。

于是，年复一年，腊八粥与佛粥就难分难解了。

197. 腊八粥与“叫花”有什么关系？

“叫花”就是乞丐，过去乞讨称“化”，乞讨的方式基本上以说唱为主，当时人们把乞丐叫作“花子”“叫花子”等。乞丐整天流浪街头，遇到店铺开张或者有人家办喜事，便蜂拥而至，唱歌念词，使店铺和办事的人家不堪其扰，于是拿点饭菜或零钱给这帮乞丐。“叫花”最难熬的是腊月，俗语有：“腊七腊八，冻死叫花”之说，所以，腊八节就成了“叫花子”熬冬中最温暖的节日。

“叫花子”因为常年吃不饱、穿不暖，许多人一到冬天就会身染重疾。腊七腊八一般是在“一九或二九”，并不是一年中最冷的“三九严寒”天气，却是一年中大降温的时期——北风呼啸，大雪纷飞，即将迎来一年中最寒冷的日子。而“叫花子”靠乞讨吃饭，寒冬腊月更是艰难，睡在四面透风的破房子里，甚至连一床破被子也没有，每天晚上都冻个半死。特别是遇到天灾人祸的年月，更是雪上加霜，一些叫花子身穿烂单衣，被冻死的事也是常见的。正如杜甫所写的“朱门酒肉臭，路有冻死骨”。

腊八节各大寺院都有“施粥”的习俗，叫花子常常加入“施粥”的队伍，不仅得到味蕾上一种热腾腾的温暖，更是得到了精神上的慰藉。古代施粥，本来就是给穷人送去温暖的，施粥不分贵贱、不分贫富，表达的是一种普遍的关怀，所以这一天是“叫花子”最盛大的节日。

198. 古代宫廷为什么重视腊八节?

腊八吃腊八粥，本来是佛门子弟的饮食风俗，是为了纪念释迦牟尼成佛而形成的，由于佛教日益中国化，我国各地佛寺的善男善女信众日益庞大，腊八施粥逐渐变为民间习俗。到了宋代，崇信佛教的皇帝，都将腊八作为重要节日，并在宫中开始食用精美的腊八粥。清代宫廷信奉佛教，腊八节在宫中熬制腊八粥就形成了礼俗。

雍和宫是北京著名的喇嘛庙，也是康熙皇帝第四个儿子胤祯当王爷的府邸，故雍和宫每年腊八节都要举行盛大的腊八仪式。《燕京岁时记》载：“雍和宫喇嘛于初八日夜内熬粥供佛，特派大臣监视，以昭诚敬。其粥锅之大，可容数石米。”雍和宫因乾隆皇帝诞生于此，成了龙潜福地，也是清朝中后期全国规格最高的一座佛教寺院，是皇宫熬制腊八粥的重要场所。

据说雍和宫在熬制腊八粥时，有一套礼法。据《雍和宫志》记载，腊八盛典共分熬粥、供粥、献粥、舍粥四大幕。腊月初七清晨开始生火，初八凌晨粥才能全部熬好，一共熬六锅，第一锅供佛；第二锅献给皇帝和宫内，这锅最为讲究，粥上面有各色精美果料，还用枣泥堆塑出寿星老人、八仙之类象征福禄寿喜的各种图案；第三锅给王公大臣和大喇嘛；第四锅给文武百官及各省的地方大吏；第五锅给雍和宫的众喇嘛；第六锅加上前五锅剩的，就作为施舍的腊八粥了。

199. 赤豆粥缘何有“驱鬼”之说？

腊八节有“赤豆打鬼”的风俗，相传上古五帝之一的颛顼，乃黄帝的孙子、昌意的儿子，自号高阳氏，他打败了争夺帝位的共工，成为显赫一时的部落联盟首领。可遗憾的是，传说颛顼帝有三个儿子，死后都变成了疫鬼，分别是疟鬼、魍魉鬼、小儿鬼。古人迷信，害怕鬼神，认为大人小孩中风得病、身体不好都是这些疫鬼作祟。为了对付这些恶鬼，人们发明了“赤豆打鬼”的办法，就是在腊八这一天以赤小豆熬粥，以驱鬼迎祥。

“鬼怕红”似乎已经成为我国民俗文化中的一种共性，大家普遍相信红色具有辟邪的功能。腊八节喝赤豆粥能够“打鬼”，完全是中国民间驱邪迎祥的一种习俗。赤豆在我国南北均有栽培，是一种含蛋白质、糖类等营养成分的重要农作物，经常被民间用来熬粥食用。赤豆粥是一道以赤豆、大米、大枣为主要材料，白糖、冰糖或桂花为辅料制作而成的粥品，属于家常素粥。赤豆粥在医学上具有利水、消肿、通乳的作用，对于水肿病、下肢湿气等疾病都有功效。正因如此，喝赤豆粥可以增强体质。而“赤豆打鬼”之说则迎和了腊八节的一种心理需求。

但要强调的是赤豆与红豆是有区别的：一是外形不同，红豆比较圆；赤豆细长、稍扁；二是用途不同，红豆体积比较大，常用来做红糖水；赤豆体积比较小，最适合煲汤和煮粥，有利尿除水肿的作用；三是口感不同，红豆比较软，口感比较绵密；赤豆比较坚硬，难以煮烂，适合加糖调味，不宜放盐。

200. 腊八蒜是怎么回事？

大蒜源自中亚和地中海地区，汉朝时被引种到中国。腊八蒜也是腊八节的食俗，通常在腊八这一天泡制，北方也叫腌制。腊八蒜的主要成分是醋和大蒜瓣，做法也极其简单，将剥了皮的蒜瓣放到一个可以密封的罐子、瓶子之类的容器里面，然后倒入醋，封上口放到一个背阴的地方。慢慢地，泡在醋中的蒜就会变绿，最后通体碧绿，口味偏酸、微辣，十分爽口，是过年吃饺子时的绝佳配料。腊八蒜流行于北方，一到腊八，家家都有用醋泡蒜的习俗。

腊八蒜在原料选择上，以紫皮蒜和米醋为佳。大蒜根据外皮的不同，分为紫皮蒜和白皮蒜，紫皮蒜外皮呈紫红色，蒜瓣肥大，汁多，辣味浓厚，品质佳，是制作腊八蒜的首选原料。腊八蒜的主要配料是米醋，米醋是经过发酵酿造而成的，含有少量的醋酸，色泽呈玫瑰红色而透明，香气纯正，酸味醇和。泡制腊八蒜有讲究，整个制作过程不能见阳光，然后必须经过低温，一般要腌制 20 多天，才会呈现出独有的碧绿色，有一定的抗氧化作用。

除夕过年，腊八蒜配上饺子吃，味道独特。古药书记载，大蒜“助食欲，解百毒，利水湿”，适度吃点腊八蒜可以提高机体免疫力，还可以防止肠道传染病的发生。

201. 为何不能沿街喊卖“腊八蒜”？

腊八临近年终，腊八蒜的“蒜”字，与算账的“算”字同音，古代各家商号要在腊八这一天盘点，把一年的出入都算出来，得出盈亏。所以，腊八蒜就衍生出了“腊八算”一词。临近年终，一年的账也该催的催，该要的要，都要进行年终大盘点。所以旧时到了腊八前后，各家店铺都会传出噼里啪啦的算盘声和报账声。古时腊八这天，也是民间的讨债日。

中国人催账是讲究礼仪的，虽说“欠债还钱，天经地义”，但是一般欠账的也大多是老主顾，或是经济上有往来的客户，赖账不还的毕竟是极少数。所以，腊八这一天去要账，不能明说，而是备上一坛腊八蒜，欠账的人一看到腊八蒜也就明白是什么意思了，该结账了。当然，腊八蒜只是要账的一个由头而已，为了大家都有面子。古人没有现代化的通信工具，腊八要账只有当面要，但又碍于情面，不好直接开口伤了和气。所以，腊八蒜就成了最恰当的载体了。

正因为腊八蒜有这样的功能，北京城有句民谚：“腊八粥、腊八蒜，放账的送信儿，欠债的还钱。”一到腊八节，卖腊八蒜的不能满大街吆喝着“腊八蒜”，那些欠人家钱的一听，心里会吃惊，以为催账的人跟来了。所以，腊八节忌讳“算”字。中国人讲究人情世故，欠什么都不能欠人情，所以，腊八“算”也提醒着人们要精打细算、知恩报恩。

202. 腊八为何有吃冰的讲究?

腊八处于三九寒冬，为何一些地方还有吃冰的习俗？俗谚中有“来年成不成，先看腊八冰”的说法，腊八这一天清晨，人们要到河边、湖边去砸冰，砸好后将之背回家，叫“腊八冰”。谁起得早，第一个打上冰，谁就有好运气。还有的人在腊月初七的时候，用盆装上水，等到腊八的时候，水盆里的水就结冰了，然后把冰块敲碎了食用。据民间说法，腊八节这一天吃冰一年不会肚子痛，还能止咳治感冒。俗语说“腊八冰，吃不坏人”，女人这一天要用腊八冰、豌豆与青稞合磨成的面做搅团。

严格来说，腊八吃冰的习俗，是由于冬季寒冷，人吃热燥上火的食物太多，容易出现各种上火症状，这时候吃冰能达到润燥、降火的功效。从这个角度说，腊八节适当吃些冰，不仅能享受反季节的乐趣，也有助于人体的平衡。但是，脾胃虚寒、经常拉肚子的人是不能吃冰的，吃了反而会加重病情。健康的成年人可以适量吃冰，但吃太多也会影响身体的健康。

如今，腊八吃冰的越来越少了，但冬季吃冰棍、吃冰淇淋却成了时尚。冬季虽然很冷，爱吃的人依旧喜欢吃冰棍、冰淇淋。特别是女生，爱吃红豆冰棍、草莓冰棍，男生爱吃蓝莓冰棍、绿豆冰棍以及各色冰淇淋。

203. 民间为何流行“过了腊八就是年”？

忙腊月　李运正　撕纸画

我国把年终的农历十二月叫腊月，而把新年的农历一月叫正月。通常，腊月是过年的筹备期，也叫“备年”。民谣有：“小孩小孩你别馋，过了腊八就是年。”意思是腊八正式拉开了“备年”的序幕，一过腊八，就算迈进了年的门槛，年味儿也越来越浓了。

从腊八到除夕，中间有二十二天左右的时间，人们开始进入忙年的准备期。一方面清扫房屋，准备年终祭祀，另一方面筹备年货，迎接一年一度的新春佳节。从喝腊八粥开始，然后到祭灶、扫尘、割肉、杀鸡、蒸馒头、炸年糕，一直要忙到除夕贴春联、贴窗花、贴门神、吃年夜饭。

相对而言，腊八这一天仅仅是拉开了过年的序幕，真正宣告进入春节倒计时的是祭灶。从腊八到祭灶，可以看作一个缓冲期。中国古人特别注重节奏、节律，尤其是对节奏缓慢的农耕社会来说，中间有十几天筹备，到祭灶时就不紧张了。过去是短缺经济，购年货要排长队，洗澡要挤澡堂子。理发也是一样，过去理发店少，人们过年前都要剃头，所以理发店年前也常常要排队。经济短缺时，买东西就更难了，就是买萝卜、白菜，有时也要大半夜去排队。正因为如此，民间就早早地从腊八开始筹备过年，按照节律一天天从容筹备，这显示出中国人的智慧和时间节奏韵律。

204. 为什么说祭灶是“小年”？

中国人“过年”并不仅仅指“春节（大年初一）”这一天，而是从腊月二十三的祭灶开始，一直到正月十五元宵节这个高潮结束。“小年”是相对于“大年”（春节）而言的，祭灶常被民间称作“小年”，意味着正式进入春节筹备的倒计时。

由于我国南北地域差异较大，各地“祭灶”的时间有所不同，北方多在腊月二十三祭灶，南方多在腊月二十四祭灶，也有“官三、民四、船五”之说。“官三”是指正统的祭灶仪式在腊月二十三，“民四”是指民间祭灶在腊月二十四，“船五”是指靠海、靠湖的地区祭灶在腊月二十五。江浙沪某些地区比较特殊，“小年夜”是在除夕的前一天，四川、贵州一些地方“小年”则是除夕夜，南京一些地方甚至把正月十五叫“小年”。总之，各地风俗讲究不同，“小年”就不如春节那样步调一致了。

从现存的资料来看，能够查到记载祭灶时间的是南宋诗人范成大的一首诗《祭灶词》，诗中写道：“古传腊月二十四，灶君朝天欲言事。”诗中明确了祭灶时间是腊月二十四，而且是“古传”，很显然，祭灶的时间在南宋是腊月二十四，南宋首都在临安（杭州），说明南方腊月二十四祭灶是古传的礼俗。那么，北方缘何改在腊月二十三了呢？应该是从清朝中后期开始的。在清嘉庆二十年刊刻的《温江县志》中记载，十二月二十四日，旧传灶神上天奏事，先于二十三日夜致祭。灶神上天仍是二十四，但是祭祀迁移到二十三。明清以北京为中心，所以北方将祭灶改在了腊月二十三。

祭灶的来历　李运正　撕纸画

205. 我国民间为什么有祭灶的礼俗?

为何我国如此重视祭灶呢?中华民族是农耕民族,靠天吃饭,民以食为天,灶神信仰是中国老百姓对“衣食有余”梦想的追求。因为灶神执掌着百姓的人间灶火,管理着每家的伙食,所以与百姓生活密切相关。《释名》中说:“灶,造也,造创食物也。”由于灶神是“东厨司命主”“人间监察神”“一家之主”,监督着老百姓家中的一日三餐,并有考察人间善恶的职能,因此老百姓对于这个司掌灶台伙食的灶神,不敢有丝毫怠慢,必须小心敬奉祭拜。

祭灶在中国民间已经有两千多年的历史了,在汉代郑玄注释的《礼记·祭法》中,就有灶神“居人之间,司察小过,作谴告者”的记载。也就是说,早在我国汉代,灶神就已经有侦察老百姓过错并进行报告的职能了。《晋书》的《礼志上》也有记载,祀灶这一礼俗成为国家礼仪,最早是在汉代。灶神一年中大部分时间与百姓的饮食灶台日夜相伴,所以灶神是最具有广泛民间基础的流行神。

祭灶是一年中对灶神最隆重的祭祀仪式,寄寓着中华民族对能吃饱饭、衣食无忧的无限期望,以及对来年温饱生活的美好向往,正因为如此,我国民间在新春佳节来临之前重视祭灶也就不奇怪了。

206. 我国的灶神究竟是谁?

灶神是我国神仙谱系中,地位攀升最快的一个民间神。从最早的“灶君”“灶王爷”,一步步升为“灶神”,从凡尘迈入高高的庙堂,被广大民众所祭拜。

那么，我国的灶神究竟是谁呢？从民间信仰来说，有灶才有神，灶出现得应该比较晚。灶出现之前，我国有火神。因此，有人就认为最早的灶神是火神，《礼记·月令》载：“孟夏之月……其帝炎帝，其神祝融……其祀灶，祭先肺。”《礼记·礼器》中孔颖达有疏：“颛顼氏有子曰黎，为祝融，祀以为灶神。”显然，这里将火神炎帝、祝融视作灶神，因为灶源于火，自然而然将火神称为灶神了。还有一种说法与黄帝有关，说黄帝死后被玉皇大帝封为灶神。在《庄子·达生》中记载：“灶有髻。”西晋司马彪注释说：“髻，灶神，着赤衣，状如美女。”将灶神说成是美女，想象力很丰富，但中国古代毕竟是男权社会，这种说法未得到认可。

我国民间更乐于灶神有人间烟火气，与众多庄严肃穆的神仙不同，灶神的出身有人间故事。在唐代段成式的笔记小说《酉阳杂俎》中记载，灶王爷名叫张单，是一个富家子弟，他喜新厌旧，好吃懒做，将妻子休了。后张单成了瞎子，以乞讨为生。一日讨饭得到女主人招待，言谈中发现女主人正是被自己休了的前妻，他感觉羞愧难当，便一头扑进灶火里把自己活活烧死了。后来，玉皇大帝得知此事，觉得浪子回头难能可贵，就把他封为灶君。但江山易改，本性难移，张单自被封为灶君后，仍好吃懒做。每年老百姓都要祭供他，让他在玉皇大帝面前说说好话。灶神是张单之说比较晚，但灶神作为民间神的特点比较明显，也最受老百姓的喜爱和认同。

207. 祭灶的时辰和地点有何要求？

古人的祭祀礼仪非常重视时间，不仅要讲究到哪一月哪一天，还要讲究是白天还是晚上，甚至强调到具体的时辰上，比如祭天仪式就必须在体现“九五之尊”的时辰进行。祭灶虽然不像祭天地神仪式那样隆重庄严，但时辰与地点也是有严格要求的。

一般而言，祭灶仪式多在黄昏进行。在东晋葛洪的《抱朴子》中记载："月晦之夜，灶神亦上天白人罪状。大者夺纪，纪者，三百日也。小者夺算，算者，三日也。"宋代《太上感应篇》也有："月晦之日，灶神亦然。"古代，灶神一年上天汇报的日子，并不是腊月二十三这一天，民间有"七月晦八月三，东厨不扫少一年"的说法。意思就是提醒老百姓重视祭灶，要多多打扫厨房。这里的"晦"，一是指夜晚，二是指"晦日"。"晦日"与"望日"分别是初一到十五的两头。灶神上天庭汇报的时间是"月晦之夜"，泛指整个夜晚，对于祭灶仪式的时辰选择，还是越早打发灶王爷上天越好，但必须是天黑下来，因此，祭灶仪式大多选择黄昏入夜之时举行。

那么祭灶在什么地点举行呢？过去民间一般在灶房举行。傍晚时分，一家人聚合到灶房，摆上供桌，向灶壁神龛中的灶王爷敬香。没有神龛的，在灶台上贴的灶王爷的画像前敬香。在老百姓的眼里，灶王爷这么大的官，怎么也应该有个老婆吧，因此灶王爷的旁边必有灶王奶奶。祭灶讲究全家人参加，一个也不能少。传说灶王爷这一天要清点名册，关系着每一个家庭成员的"口粮"，所以丝毫马虎不得。

208. 祭灶和迎灶有哪些仪式?

祭灶也称送灶神，中国人礼节上最讲迎来送往。民间有句话说得好："请神容易，送神难。"送灶神是一年中关乎民生吃饭的一件大事，仪式自然重要。清代光绪年间创刊的《点石斋画报》记载："十二月初一日为始，礼部札饬太常寺拣选乐工四十名，每日申刻齐集扮演灶君。涂面挂须，头戴顶盔，身穿各色彩服，手舞足蹈，名谓跳灶……以备十二月二十四日齐赴内廷御膳房跳舞，恭送司命灶君。"很显然，在我国清代，皇家宫廷都非常重视送灶仪式，早早就开始排练“跳灶”舞。民间虽没有如此规模，但都有严格的祭灶仪式。

民间祭灶仪程有：一是全家老少傍晚都在家中灶房集合，“祭灶不祭灶，全家都来到”。二是在灶王爷神像下，摆上供桌。三是供桌上有油果、寸金糖、脚骨糖等，重点是糖瓜，要抹在灶王爷嘴上，使灶王爷的嘴里又甜又粘。四是供毕将灶王爷（及灶王奶奶）的旧像揭下烧掉，送灶王爷上天。也有的抱个“鸡”用水浇，一听到“鸡”叫，就证明灶王爷乘“鸡”上天了。有的地方唱祭灶歌，如山东祭灶歌：“灶王灶王，你上天堂，多说好，少说坏，五谷杂粮全带来。”五是全家分享糖瓜，也有请“叫花子”来一同分享的。

有送灶仪式，就必有迎灶仪式。那么什么时候将灶神迎回来呢？民间传说腊月二十五玉皇大帝要亲自下凡视察民情，玉皇大帝视察后，灶王爷才能重返人间，一般是腊月三十或初一前。因此，迎灶的时间一般在除夕，仪式主要是贴上新灶神像，点香祭拜一番即可。

209. 灶神缘何能“上天言好事，下界保平安”？

祭灶是严肃的，古时在老百姓看来，祭灶神关系着每一家吃饭的大事，灶王爷的权力还是很大的。民间对灶神“献糖瓜”，尤其是给灶王爷嘴上抹糖、抹蜜的行为，表现出几分“媚灶”的倾向。

昔日，老百姓的灶台上都有灶王爷像，灶王爷像上大都印有一年的日历，上书“东厨司命主”或“人间监察神”“一家之主”等横批，以彰显灶神的地位。在灶神画像的两侧，还要贴一副对联，写着：“上天言好事，下界保平安”或“上天言好事，下界降吉祥”，上联的意思是说，希望灶王爷上天述职报告时，多说吉利话，不要把每户发生的不好的事、冒犯的事汇报给玉皇大帝，因为老百姓一年四季围绕着灶台转，做饭上、伙食上难免会出现一些问题，这些错事、丑事就不要向玉皇大帝汇报了。下联的意思也只有一个目的，就是希望灶王爷下界降吉祥、保平安。祭灶的目的是很明确的，也是很美好的。祭灶礼仪的核心是让老百姓对灶房粮食有一种敬畏感，让人心存敬畏、心存善恶，中国人相信善恶有报。关于这一点，清代《敬灶全书》记载："灶君受一家香火，保一家康泰，察一家善恶，奏一家功过……功多者，三年之后，天必降之福寿；过多者，三年之后，天必降之灾殃。"

当然，灶神更亲近民间，更具烟火气，更具有民间神的特点。同时，灶神身上也带有着民间小官吏的影子，老百姓神官不分，于是产生抹糖瓜粘嘴的"媚灶"现象就不奇怪了。

210. 为什么民谚有"要命的祭灶"之说？

民间常把祭灶到除夕这段日子叫"年关"，也是临近过年最忙碌的日子。从时间上看，从腊月二十三到除夕，年关仅有七天左右的时间。旧时贫苦人家很多，许多老百姓都是靠借债过日子，每到年关，就会有债主上门讨债，因此，欠债的常常要出去躲债，所以叫"躲年关"。

祭灶就是点燃袅袅炊烟，一旦灶台冒烟，就会让人知道这家人回来过年了，于是债主们也会时刻关注这些欠债人家的灶火。按照中国人的礼俗，自古就是"欠债还钱，天经地义"。在中国古代，礼与法虽然是两回事，礼是道规，法是刑规。但是，在一定程度上，礼比法更具有约束力，不合礼的人和事，天地不容。自古欠债还钱都是硬道理，也是诚信社会的硬指标。望着祭灶升起的炊烟，飘出的诱人肉香和饭香，债主们很是气愤。有钱过年吃香的、喝辣的，竟然不还钱，真是缺乏诚信。于是，找上门讨债、讨薪之事常常发生。

但对那些穷人欠债的现象应区别看待，因为这些穷苦人家欠债常有不得已的理由，他们年年辛苦，年年欠债。于是，每到祭灶时，也是他们最心焦、最难过、最要命的时刻，因此，民谚就有了“要命的祭灶”之说。

211. “女不祭灶”是礼规吗?

在我国农业社会，男主外、女主内，灶台做饭大多是由女性来操持，为何会有“女不祭灶”的礼规呢?

一种说法是儒家礼教“男女之大防”所致。明清“程朱理学”盛行，礼教深入民间，“男女授受不亲”的礼规更加严格，严格限制男女之间的社交距离，防止做出伤风败俗的丑事。因为灶王爷是男的，又是一个不那么“正经”的民间神，于是民间在祭灶的时候，往往由男性祭拜，女性躲在后面，不必上前献供拜祭。因为在祭灶的仪式中，有向灶神的嘴上抹糖的程序，让女性去做就更不合封建礼法了。所以，为了忌讳，就有了“女不祭灶”之说。

另一种说法是儒家礼教“男尊女卑”造成的。理由是一年三百六十多天，女性都在灶台做饭，与灶王爷接触得最多，如果仅仅是“男女授受不亲”的话，那么女性就在灶台边待不成了。此外，一年中祭神祭祖，女性都是要参加的。唯一可以解释的原因是，中国封建礼制社会“夫为妻纲”，家庭以男性为一家之主，男性是家庭的主人。像祭灶这样关乎一家人生计的大事，必须由男性担纲，否则对灶王爷有不敬和轻蔑之感，所以，“女不祭灶”是因为女性不是一家之主，没有祭灶的权利所致。

随着社会进步男女平等，“女不祭灶”之说早已经过时了。

212. 为何说忙年的“歌谣”也是动员令?

过了祭灶，忙年进入倒计时，筹备过年的节奏明显加快了。忙年的“歌谣”唱响大江南北，俨然成了过年的动员令，也是忙年每天日程的指南。

忙年歌是通过童谣的方式，完整地描述各地民间传统的春节习俗，也叫过年谣。我国各地都有忙年的歌谣，细说着每天的忙年仪程，朗朗上口，传播很广。陕西的忙年歌谣是这样的：“二十三，祭灶官。二十四，扫房子。二十五，磨豆腐。二十六，炖猪肉。二十七，杀只鸡。二十八，篜枣花。二十九，去打酒。大年三十捏饺子。”北京的忙年歌谣是这样：“腊八粥，过几天，漓漓拉拉二十三。二十三，糖瓜粘，二十四，扫房子。二十五，做豆腐。二十六，炖猪肉。二十七，宰年鸡。二十八，把面发。二十九，篜馒头。三十晚上熬一宿，大年初一扭一扭，除夕的饺子年年有。”陕西的忙年歌与北京的忙年歌差别不大、习俗相近，都是北方过年的节奏。

那么，南方的忙年歌如何呢？湖北是这样的：“二十三打土尘，二十四送灶神，二十五打豆腐，二十六办鱼肉，二十七洗金漆（洗澡），二十八剃鸡鸭，二十九家家有，三十夜鏰罐咵。”可以看出，我国南北忙年是有差异的，一是祭灶的时间不同，北方二十三祭灶，南方这一天扫尘（打土尘）；二是南北方准备的年货不同，北方篜馍、割肉、磨豆腐，南方买鱼、买鸭。但忙年的节奏都是一样的，每天的仪程也大同小异，都是干干净净迎新年，忙忙碌碌办年货。

213. 忙年中缘何有“赶乱婚”礼俗?

腊月二十三将灶神送上天后，家中就没有监督神了，灶火上自然就超出了平日饮食的界限，杀鸡炖鹅，过油烹炒。民间有“二十四，赶乱婚”之说，此时灶神上天，民间百无禁忌，老百姓这时娶妻嫁女不必择日，结婚办喜事的人特别多，俗称“赶乱婚”。

在华夏五礼中，婚礼属于嘉礼，是人生重要的仪礼之一。婚礼最早也叫“昏礼”，以黄昏为吉时，表现出古代先民黄昏抢婚的习俗现象。我国是礼制国家，对婚礼十分重视，《礼记·昏礼》曰：“昏礼者，将合二姓之好，上以事宗庙，而下以继后世也，故君子重之。”古人认为结婚不仅是两个人的事，更是两个家庭、两个家族的大事，承担着传承家族血脉的大任。古代结婚实行父母之命、媒妁之言，“三书六礼”“三媒六证”一个也不能少。那么，婚礼这样神圣而重大的事情，怎么与“赶乱婚”联系起来了呢？

这里“赶乱婚”的“乱”字，正是指没有遵循正统的六礼之规范的婚礼。“赶乱婚”办喜事的人，主要是算经济账，因为旧时结婚办喜事，花费比较大，贫穷人家趁着过年筹办年货时兼办喜事，一举两得，节省开支，这就是年前民间“赶乱婚”的驱动力。尽管这种办喜事的习俗不符合正统婚礼，称之“乱婚”，但对老百姓来说，节省开支才是硬道理。民谣有：“岁晏乡村嫁娶忙，宜春帖子逗春光。灯前姊妹私相语，守岁今年是洞房。”

214. 为何说扫尘和沐浴是华夏节日的沐浴礼？

民谚云：“有钱没钱，剃头过年。”中国人年前都有一个礼规习俗，那就是要洗浴、理发，干干净净地迎新年。

我国很早对沐浴就有一整套礼仪，在西周，对待沐浴最为虔诚和讲究，尤其是在祭祀和朝见天子之前，必须沐浴净身，讲究衣着得体。根据史料记载，西周每逢重大祭祀活动，参与人员除沐浴更衣，不饮酒、不茹荤，还要暂停一切娱乐活动。这一点在中国历代王朝的重要祭祀和重大活动中，一直保持了下来。《周礼·天官·冢宰》载："宫人掌王之六寝之修，为其井匽，除其不蠲，去其恶臭，共王之沐浴。"沐浴，从最原始的保健净身功能，到后来演变成为一种礼仪。

除旧布新是中国人过年的讲究，盛大节日来临前要进行大扫除。我国南方有"打尘埃"的习俗，年前"屋尘"一定要"除残"。古人打扫卫生远远比现在费事，仅扫房子一项就要忙上几天。就连洗澡、理发这样的小事，在物资匮乏的年代，也要排上一天的队。扫尘、沐浴、理发是年前一次由内到外的卫生清理，只有将尘埃、晦气完全清除，才能身心轻松地迎接崭新的一年。这种扫尘是身体外的，也是身体内的，更像精神的沐浴礼。

215. 过年备年货有哪些讲究？

过年是中国人一年里接待亲友最多、时间最长、菜肴最丰富的一个家宴待客时段。昔日，过年待客都选在自己家中进行，不像如今能在饭店解决。平时节俭度日的中国人，有"宁穷一年，不穷过年"的礼俗，过年必须准备充足的年货以备家宴。待客不仅是礼数，也是中国人的面子，失礼丢面可是大家最不愿看到的事情。

过年备年货有哪些讲究呢？以汉族为例，一是首选肉类，猪肉、牛肉、羊肉、鸡肉、鱼肉是必须准备的，年夜饭中"吉祥如意"的鸡、"年年有余"的鱼、"团团圆圆"的丸子，都需要大量的肉类；二是必备蔬菜，过年菜品以丰盛为佳，豆类、菇类、瓜类、带叶子的蔬菜，尽量多备一些；三是水果、主副食也要多备，北方人蒸馍、吃饺子，南方人吃米饭，吃年糕，花生、瓜子、糖块、腰果等零食干果，也是必备的年货。

此外，过年的装饰品，如春联、灯笼、门神等应根据需要自选。过年走亲访友的礼品，在过去短缺经济时代，也是需要提前计划购买的。如今物质极大丰富，可视个人情况而定。虽然过年待客可以选在饭店酒楼进行，备年货的压力大大减轻了，但过年宴请不可能顿顿在外，备些年货还是需要的，尤其是在广大的乡村。

216. 为何说春联是春节的第一符号？

春联漫话　李运正　撕纸画

每当红彤彤的春联贴在千家万户的门上，喜庆的气氛、浓浓的年味便扑面而来，于是春联成为我国迎接春节来临的第一符号。

春联通常选择红色，红色在中国人的心中是喜庆、吉祥、成功、忠勇、正义的象征，据说还有驱邪护身的作用。在五色中，红是“赤”，象征光明。初生的婴儿，全身呈红色，故叫“赤子”。春联通常只在春节期间使用，只用红色，故有“贴年红”之称。我国的第一副春联出现在唐代，作者叫刘丘子，作于唐开元十一年（723），内容是“三阳始布，四序初开”。比五代十国后蜀孟昶的“新年纳余庆，嘉节号长春”要早二百多年。

春联源于桃符，由门上挂桃木演变而来。民间信仰认为，鬼怕桃木，所以古代以桃木为二板，挂在门上。后来，人们在桃木板上画上了神荼、郁垒。宋代，王安石《元日》云：“爆竹声中一岁除，春风送暖入屠苏。千门万户曈曈日，总把新桃换旧符。”可见，在宋代除夕之夜，家家还是挂桃符的。“春联”内容多是吉祥语，祈祷年丰人寿，家国康泰。中国结、年画、鞭炮、年夜饭等，都是春节的元素符号，但相比而言，春联最鲜明、最大众、最喜庆、最吉祥，最能表现春节的主题内涵，从而被誉为春节的第一符号。

217. 春联的内容有何讲究？

春联的内容，主要突出“国泰民安”“人寿年丰”的主题，表达每家每户对新年的美好愿望。

内容上，首先要求吉祥欢庆，含有“五谷丰登”“六畜兴旺”“家和万事兴”的吉祥祝福。如“天增岁月人增寿，春满乾坤福满门”等，横批有“抬头见喜”“万象更新”等。其次，多与生肖年的辞旧迎新有关，有除旧布新、祝福来年之意。如“巳蛇归洞民安泰，午马迎春国富强”。还有的反映出不同行业的价值取向，如“甘守清贫为路石，不求闻达作人梯”（教师）；“巧手剪裁心上美，汗流浇灌世间春”（裁缝）。明太祖朱元璋还为一个杀猪的人书写了一副春联“双手劈开生死路，一刀割断是非根”，将屠夫的形象栩栩如生地表现了出来，令人叫绝。

春联通常是两副长联和一副横联，有七字联、五字联等。春联上下字数要相等、词相对、押韵，如“新春富贵年年好，佳岁平安步步高”七字联，上下联字数相等。上下联词组要相同，名词对名词（“新春”对“佳岁”）、形容词对形容词（“年年好”对“步步高”），词性也要一致，最好要押韵（hao与gao）。春联要突出每个家庭的个性、愿望、身份和职业特征，故讲究手写春联，千篇一律的印刷体春联难以表达个性心愿。

218. 春联上下联张贴有何讲究？

春联也叫春帖。过年是普天同庆，春联不仅祝福万家团圆、国泰民安，而且祝愿五谷丰登、六畜兴旺。过年贴春联看似简单，但真正张贴时就发现不一般。一是要分清哪一个是上联，哪一个是下联，二是要分清上联与下联哪一个贴左边，哪一个贴右边。春联不能随意张贴，否则会闹出笑话的。

首先，怎么分清上下联呢？通常上联为因，下联是果，含义深刻的常作为下联，如“一帆风顺年年好，万事如意步步高”。从时间关系来看，上联是旧、下联是新，辞旧迎新，常用生肖轮替，如“神牛辞旧岁，金虎迎新春”；从声韵关系来看，上联最后一个字是“仄声”，下联最后一个字是“平声”，如“愿好人幸福平安，祝全家美满和顺”。

其次，上下联如何张贴呢？根据我国传统的书写规范，古人写横批时，从右向左写。所以，上联常贴在右边，下联贴在左边，上下联不可贴反。但是，按照现今书写习惯，张贴顺序却相反，因为今人写横批时，是从左往右写，那么，贴上下联则要调换，上联在左，下联在右。所以，关键是看横批。

219. 为何说“救命的春联”？

过年不仅有“要命的祭灶”，还有“救命的春联”。因为腊月二十三祭灶，袅袅的炊烟招来了讨债的人，于是产生了“躲年关”之说。那么要“躲”到什么时候呢？就是躲到春联贴到大门上时，讨债的人就不能找上门了，所以春联有“救命”的含义。

旧时为何讲究春联一贴就能“救命”呢？按照中国人的礼俗，一方面强调欠债还钱，天经地义；另一方面又倡导“有钱没钱，都要过年”，就是叫花子也要过年。正因为如此，对过年讨债有个界限。腊月二十三祭灶，是可以讨债的。但到了腊月三十贴春联时，就不可讨债了。在中国人的意识里，过年还追到别人家门口讨债，就显得有些不讲人情了，过分了。可见，中国人的礼俗是讲究“度”的，同样是讨债，时间不同，对错也就不同。祭灶时讨债是对的，春联贴上了再讨债就不讲究了。所以，中国是礼俗社会，礼俗与法治的区别就在这“度”上。

那么，春联究竟什么时候贴才对呢？依照欠债的贫苦人家的想法，为了躲债，都希望早早地把春联贴上。但是，春联什么时候贴，还是有礼俗规定的。按照礼俗，春联是除夕这一天才能贴的。因为那时候大扫除已经结束了，新贴的春联不会因为除尘而损坏，引起不吉利。

220. 特殊情况下有哪些另类春联？

春联都是红色的，但有些情况例外，当家中遇到了老人去世等特殊情况，家门上是不能贴红色春联的。在我国民间有礼规，就是遇见丧事或凶事，有守孝三年的习俗。所以，凡是此类特殊情况，连续三年不贴红春联，以表达对逝者的守制与怀念。

虽然不贴红，但年节还是要过的，春联不能少，于是在我国广大农村，过年就有贴黄色春联、绿色春联、白色春联的现象。那么这些异样的春联，有什么讲究呢？一般的礼俗是这样的：凡有丧凶事的家庭，第一年春联选用白色，犹如丧事之挽联，以表达沉痛悼念的心情；第二年春联选用绿色，也有选用蓝色、紫色的，代表祭祀已故的亲人；第三年选用黄色，表达对亲人的永久怀念。古人以“三”为多，守够三年，孝礼守制已满。到了第四年，家中就可以贴红色春联了，表示一切重新开始。所以，农村中白、绿、黄三色春联，俗称“孝春联”“孝联”或“丁忧联”。

如今，城市中如果家里发生特殊情况，往往不贴“孝春联”，大门上只是空着，三年不贴红春联。

221. 为何春节要贴门神？

门神也是我国春节的重要文化符号，中国人自古以家为核心，守护好一家之门十分重要。作为守卫门户的神灵，在一年盛大的节日来临时，人们将其威武神像贴于大门上，能起到驱邪护宅、保护一家平安的责任。

我国自周代开始，就有“祀门户”的礼俗，古人祭门户是为了顺五行，放眼天地间，希望通过门户这个界面，实现与大自然的沟通。门神起源很早，最初以门为神，汉代以后出现了人格化的门神。南北朝时期，我国最早的门神形象是神荼和郁垒，神荼垂苇索，郁垒执桃剑，都是一副凶神恶煞的模样，以震慑各种小鬼。宗懔《荆楚岁时记》载：“绘二神贴户左右，左神荼，右郁垒，俗谓之门神。”到了唐代，出现了两个武将门神，一个是秦琼——

秦叔宝，另一个是敬德——尉迟恭。传说唐太宗夜里入睡总听到鬼魅哭号，只有秦琼敬德二将在外守着，太宗才能安睡，因此秦琼、敬德成了家喻户晓的门神。古代的门神还有关羽和张飞、赵云和马超等，都是名震千古的勇猛武将。

我国是个礼制国家，古代社会门第等级十分严格，上品无寒门，下品无势族，门面、门脸是身份地位的象征。能够上得门面、门脸的，都是非同一般的神，故称之为门神。过年家家户户都要贴门神，驱邪避鬼，护宅平安。在我国一些地方，除大门贴门神外，在客厅还要贴福禄寿三星像，总之都是为了避邪守户。

门神的来历　李运正　撕纸画

222. 门神贴法有哪些讲究?

门神什么时候贴?如何贴?这也是有讲究的。

我国有“早贴春联、晚贴门神”的习俗,门神一般是大年三十下午贴。过年要大扫除,进门出门难免撞破东西,只有全家人到齐了,万事俱备,不用出门了,才可以贴门神。“早贴春联”,是说春联可以稍早一点贴,表达人们对新春的急切和期盼,而“晚贴门神”,是因为门神是最后一道关,只有家里人都回来了,才可贴上它护宅。阖家团圆就是要“阖”(关起门来),团圆聚会的时候将门神贴出来,就是为了挡住各种不速之客,让门神起到护卫家宅的作用。

贴门神也有讲究,一般选择贴武门神,如秦琼敬德、关羽张飞、赵云马超都可,主要是震慑外鬼,起卫家护院的作用。我国广大农村的庭院大门都是双开门,左右对称,贴门神时,秦琼要贴在右边,尉迟恭要贴在左边,不能贴错,否则叫“反贴门神”。民间认为如果门神位置贴错了,一年诸事不顺,总感到左右为难。如今,门神大部分是木版年画,通常是门神脸对脸相对视,这样就不容易搞错了。

目前在城市里,大都是单开门,门神贴钟馗的就多了。也有很多人家将贴门神改为了贴福字。

223. 过年为何要贴福字?

我国南宋的《梦粱录》一书记载有“贴春牌”的习俗,有学者认为春牌就是福字春帖。过年贴福字、祈福愿、说祝福语,在我国广泛流行,蕴含着浓浓的人间温情。

中国“福”字的历史悠久，早在三千多年前的青铜器铭文上，就有不同结构的“福”字。在河南殷墟出土的甲骨文上，“福”字有的字形是双手虔诚地捧着酒坛敬神的形象，由“手”“酒”“示”三个部分组成，本义是以酒敬神、祈求福备的意思。“福”在《说文解字》上的说法是：“福，佑也。”意思是神灵保佑，逢凶化吉。如今，也有解释说，“福”字的右边，“一”代表房屋的梁，“口”代表人丁兴旺，“田”代表土地，也就是说，一个人家里有房有田且人丁兴旺就是幸福。古代祭祀就是为了求得上天和神祖的保佑，祭祀后把祭品（酒、肉）分别送人叫“致福”“归福”，由此引申出“幸福”之义。福字是中国最吉祥、最受欢迎的文字，书法家用篆书、隶书、楷书、行书、草书写下各种各样的“福”字，形成了美不胜收的《百福图》《千福图》。

关于过年贴福字的习俗，民间还有一个传说始于姜子牙。说姜太公封神之时，各路神仙都已到位，却不料姜子牙的老婆也来讨要神位，姜太公无奈之下就封她为“穷神”，并且规定凡是贴了“福”字的地方都不允许她去。于是，每到过年，老百姓家家赶忙贴福字，拒绝这个不受欢迎的“穷神”。尽管是个传说，但贴福字、增福气、祈吉祥就成了老百姓喜闻乐见的新年文化礼俗。

224.“五福临门”是指哪五福？

我们经常提到的“五福临门”，究竟是指哪五福呢？

“五福”源于我国儒家经典之一的《尚书》，在《尚书·洪范》中记载：“一曰寿，二曰富，三曰康宁，四曰攸好德，五曰考终命。”这就是“五福”，意思是说，凡具备了这五种福的人，必定是平和待物之人。五种福都具备的人，才叫有福之人，拥有单一的福都不算有福气。具体来讲，人真正有福气，第一是要长寿，一生福寿绵长，生命绵长不夭折；第二是有富贵，人生要有一定的金钱和财富做保障，活得才有尊严感，寿命长却贫困不算有福气；第三是要康宁，一生心灵不煎熬、不纠结，身心健康宁静；第四是好德，也就是生性善良，多做善事好事，追求高尚的品德，做一个让人称赞的好人很重要；第五是善终，平和一生有好报，无怨无悔无疾而终，也就是不忘初心，方得始终。以上五种福都具备的人，就是五福临门了。《尚书·洪范》诞生于西汉，后来东汉桓谭在《新论》中，对“五福”做了改动，提出了“寿、富、贵、安乐、子孙众多”，增加了人丁兴旺的内容。

古人的“五福”就是今天的幸福，寄寓着中华民族的人生价值观和幸福观，绵延至今。每当辞旧迎新的重要时刻，中国人常常以祈愿的方式，祝愿大家“五福临门”，表达了中华民族对美好人生价值的追求和对美好生活的期盼。

225.“福”字正着贴还是倒着贴?

贴福字应该在除夕下午，福字一贴，满屋都充满了福气，使新年气氛浓郁起来，预示着纳福迎祥了。

“福”字应该怎么贴？福字也分正福、倒福、大福字、小福字，贴时很有讲究。一般的规矩是凡大门都贴正福，也就是正着贴。大门有“迎福”和“纳福”的意思，不宜倒着贴，倒着贴就会把家里的福气挡到外边了。另外，大门是一个家庭的门面，倒着贴会头重脚轻，不恭不敬。中国人家里的大门是十分庄重的地方，处处彰显着一个家庭的身份、修养和家风，正着贴比较符合端庄大气的风格。

“福”字倒着贴，主要取其“倒”与“到”的谐音。传说当年明太祖朱元璋用“福”字作暗记准备杀人，善良的马皇后担心牵连无辜老百姓，告诉老百姓家家户户要贴“福”字。朱元璋派人上街查看，竟然发现一个不识字的人家把“福”字贴倒了，不由大怒，要派人将这家满门抄斩。马皇后听闻忙对朱元璋说：那家人是故意贴倒的，因为知道您要来访，有“福到”的意思。朱元璋听后觉得有理，一场大祸终于被化解了。于是，人们为了纪念马皇后，“福”字倒着贴在百姓的过年习俗中开始流行起来了。这个有趣的传说尽管诙谐幽默，却不易提倡，容易误导百姓。那么有没有“福”字倒着贴的情况呢？是有的。“福”字倒贴一般是在屋内柜子上，倒贴福字，表示福气会一直来在家里，财富满柜。也有为了避讳把家里的福气倒掉，在水缸、垃圾箱上，倒贴“福”字，用“福至”来抵消“福去”的。另外，“福”字要请，不能说“买”，这是礼规，也是忌讳。

226. 过年为何要挂年画？

年画最早也叫“门神画”，源于汉代，早期主要有“驱凶避邪”和“祈福迎祥”两种主题，寄托着人们祈求人寿年丰、吉祥如意、招财进宝的美好愿望。到了宋代有了“纸画”，宋代雕版印刷术的日渐成熟使年画得以发展，从“门神画”中脱离出来，成为与年节相适应的装饰艺术。年画在清代中叶更为盛行。

年画大都用于新年张贴、装饰环境，是含有祝福新年、吉祥喜庆的一种绘画。年画色彩十分鲜艳夺目，常常是大红大黄的颜色，年画的内容更是突出吉祥的主题，画中大多是生动可爱、充满情趣的人物，造型生动夸张，想象力丰富，寄托着中国人对风调雨顺、农事丰收、家宅安泰的美好祝愿，为老百姓所喜爱，受众很广，如“福禄寿三星图”“五谷丰登”“迎春接福”“老鼠娶亲”等都家喻户晓。年画主要在过年期间挂贴，浓墨重彩的年画给千家万户增添了许多欢乐的喜庆气氛。在农耕文明时代，年画一度成为中国人在年节时最喜闻乐见的紧俏品。我国的年画有木版年画、水彩年画、扑灰年画、胶印年画等多种，天津的杨柳青、开封的朱仙镇、苏州的桃花坞、潍坊的杨家埠、四川的绵竹、陕西的凤翔等地都是我国年画的重要产地。

年画技艺是通过家传、招徒、办学等方式传承发展的，在相当一段时期内，年画都是我国城乡过年最火爆的家庭装饰品。可随着城市化进程的加剧，家庭装饰艺术品极大丰富，年画日渐衰微，挂年画成为一种历史记忆。

227. 春节为何要贴窗花？

窗花是剪纸艺术中的一种，多贴于农村家庭的窗户上而被称为“窗花”。我国有春节贴窗花的习俗，窗花集装饰性、欣赏性、实用性于一体，不仅增添了年味，而且也给人带来美的享受。窗花制作时讲究镂空，既保证了窗户的采光，又保持了居住环境的通透，美观又吉祥，起到锦上添花的作用。

贴窗花的习俗，传说也与姜太公有关。姜子牙封神时，将自己封为了“窗神”，于是有的人家过年时就在窗户上贴上“姜太公在此，诸神回避”的红纸条，以图吉祥。过年剪窗花也与迎春有关，唐代诗人李商隐曾在《人日即事》一诗中写道：“镂金作胜传荆俗，剪彩为人起晋风。”诗人杜甫也有《彭衙行》写道：“暖汤濯我足，剪纸招我魂。”说明镂空剪纸的窗花艺术在唐代已成为过年的一种时尚。宋代造纸业成熟，窗花成为民间礼品中的“礼花”，被贴在窗上，或用于灯盏、茶盏上，开始广泛流行。

窗花题材广博，但最多的是花卉动物、喜庆吉祥图案，常以“吉祥喜庆”“丰年求祥”“龙凤呈祥”“连生贵子”“喜上眉梢”“多子多福”等为主体，既是对姻缘的祝福，也是贺新春的美好祈愿，在婚庆和年节中张贴。我国传统的窗花，大多来自农村的巧妇，她们不打草稿，手中有功夫，剪下出神入化的吉祥图案。年关时，正是民间“赶乱婚”的时候，无论办喜事，还是迎新年，窗户上都要贴喜庆的窗花，祈愿生活富裕、人寿年丰、辟邪迎祥。

228. 贴窗花有哪些讲究？

贴窗花是我国喜迎春节的重要习俗，在过去几乎家家户户都要贴窗花，如果哪一家过年未贴窗花，人们就会猜测这个家庭是否出了什么事。如今，我国南方只有在结婚的时候人们才贴窗花，春节一般不贴了，而我国北方春节贴窗花依然盛行。

贴窗花时，一要注意老人房间的窗花，应多以花草动物为主，寓意身体康健，也有迎春添生机的吉祥之意；二在贴龙、虎、凤、鸡等窗花时，要注意属相之间“相生相克”的顺序，龙贴在虎的上面、凤贴在鸡的上面，同时不要贴得太近；三是窗花的数量一定要成对，不可以是单数，更忌讳贴 4 个，“4”与“死”谐音，寓意不好；四是窗花大多数是正着贴，一定不能贴反；五是为了不把好运气挡住，窗花的尺寸不能选择太大的，贴的位置不能挡光。窗花的样式，除了贴在四角的“角花”和折剪的“团花”，其外轮廓没有什么限制。

张贴窗花的时间也有讲究，必须在扫尘之后张贴，民间多在大年三十白天或二十九下午进行。贴窗花时一定要将旧窗花清除，不能在旧窗花上重复贴。尤其现代窗户大都是玻璃的，卫生打扫干净，要等玻璃干燥后再贴窗花。贴窗花可以从玻璃里面贴，这样就不会被外面的雨水或者雪水淋湿，被风刮坏，从外面也看着喜庆。

229. 为何春节最大的主题是团圆?

作为中国人最盛大的节日，春节的主题就是家人团圆，春节的意义就在于回家团圆，一解对父母的思念、一泻心底的乡愁。几千年来，春节作为中华民族团圆的节日，已经融入每一个中华儿女的血脉之中。

团圆就是指一家人齐聚一堂欢庆过节，对于中国人来说，从古代宗族血缘制度一直到现在，人们一直都很重视血脉亲人之间的联系，团圆对于中国人有特别重要的意义，象征着血脉丰盈、福气满满的家族生命绵延力。古代中国是一个农业国家，以家为核心，形成了家国一体、家国同构的观念，“家是最小国、国是千万家”。春节不仅仅代表着祝福，更是中华民族集体人格的体现。春节追求团圆的主题，实际上强调的是中华民族的“黏合力”，它不仅是指提倡家庭成员之间的团圆和谐，更是指提倡家庭成员与亲友、邻居、同事之间促进和谐团圆，最终体现中华民族人人快乐、社会和谐的幸福观和价值观。

团圆对于春节来说，既是手段，又是目的。通过团圆，可以消除家庭成员之间乃至亲戚邻里之间的隔阂，通过节日的拜年和走亲访友、礼尚往来，加深家庭成员之间的血脉亲情，同时也促进邻里之间、朋友之间的友情。如今，虽然吃喝已经不让人期待，但过年与家人团聚却依然令人期盼，过年就是欢聚在一起，团圆永远是中国人永久的话题，不管你身居世界的那个角落，只要你是中国人。

230. 为何春节最核心的仪式是回家?

每到春节，全世界的中国人都有一个仪式，那就是回家。家是中国人的精神原点，回家过年是一种信仰，也是一种仪式。

信仰是一种力量，如果不是信仰的支撑，中国人就不会冒着严寒风雪，克服一切困难，都要选择回家过年，赴一年一度最重要的亲情之约。没有信仰的力量，就没有如此战胜路途艰难的归乡仪程。“每逢佳节倍思亲”，节日与家人团圆、有家人相伴，是每个人所盼望的。家是内心的归处，家人的平安是每个人奋斗的坚强后盾。对于远在异国、异乡的游子尤其是外出打工的人来说，春节来临，不管有钱没钱，都希望回家团圆过年。春节是一年中最重要的尽孝日，家中年迈的父母一天天老去，年幼的孩子一天天长大，这些亲人都在急切地盼望着游子的回来，如果错过了这一天又要等待一年。无论你的行囊是满载荣耀，还是充满疲惫，家都是无条件接纳你的港湾。“少小离家老大回，乡音无改鬓毛衰”，从乡土中国到城市化，家庭依旧是个人情感的依托，是漂泊人生的终点站。

春节是除旧布新的开端，也是亲人沟通感情的最佳时刻。在孔子生活的春秋时代，人们过年就是“一国之人皆若狂”。如今，“一年不赶，赶三十晚”，中国人过年回家，遵从着千年的仪式，如同归乡的候鸟，成群地一起飞向遥远的故乡。回家是春节最重要的仪式，回家过年是华夏大地上最强劲的律动。

231. 为何说“春运”是中国人最大的亲情事件？

“春运”一词最早出现在 1980 年的《人民日报》上。随着改革开放，人口的流动放开，越来越多的人选择了外出求学、打工，诸多人群集中在春节返乡，形成了堪称全球罕见的人口大流动——春运。

“春运”被誉为人类历史上规模最大的、周期性的人类大迁徙。据统计，在中国春节 40 天左右的时间里，将有 30 多亿人次的人口流动，占世界人口

（约 80 亿人）的 3/8，相当于全国人民进行了两次大迁徙。中国春运入选世界纪录协会“世界上最大的周期性运输高峰”。“春运”的时间在每年的农历腊月十五至次年的正月二十五，前后 40 天左右。

在西方人眼里，“春运”是一场周期性的交通事件，实际上，只有中国人能够理解，“春运”是中国人周期性的“亲情事件”。在中国人的精神世界里，家是精神的源泉，年终回家是一种精神归乡，是一种心灵之旅，是最大的乡愁。每年大年三十晚上之前，全世界天涯海角的中国人，不管路有多远、雪有多大、道路多艰难，心中只有一个心愿，就是回家。家乡即故乡，父母在哪里，家就在哪里。

只有了解春节归家的真正意义，才能体会到亲情、乡情、家国情是“春运”背后的文化密码。30 多亿次人口迁徙的背后，是中国人亲情、乡愁的内在初心和外在表达。

232.“年夜饭”是中国人最重要的一餐吗？

“年夜饭”也叫团年饭、团圆饭等，主要是指年尾除夕晚上的阖家聚餐。一般来说，团圆饭在大年三十的晚上吃，象征着告别旧岁、迎接新岁，也是即将过去一年的最后一顿晚宴。这顿团圆饭不仅菜品丰盛，而且仪式隆重，全家老少一个也不能缺席，可以说是中国人一年中最重要的一餐。

对中国人来说，年夜饭是不能缺席的。吃团圆饭是对家庭所有成员定下的家规，无故缺席是对家规的严重不尊敬。一年一度的年夜饭，是家庭内部成员的大团聚，每个座位都有安排，因此这一天所有家庭成员一个都不能少，同时也不欢迎不速之客拜访。年夜饭不是单纯的聚餐，还有一定的仪式感，年长者要讲讲话，要商量新的一年全家的大事安排，家庭成员之间要叙叙家常，交流一年来的生活和工作。事实上，年夜饭是每个家庭约定俗成的最重要的一次内部“年会”，各家举行的形式风格不同而已。

一顿年夜饭，浓浓中华情。年夜饭所说的一个也不能少，包括有特殊原因实在无法归来的成员，这时要放一个空碗，给他（她）留一个位置。还有些地方有特殊习俗，大年三十还要去坟上祭拜，也为逝去的亲人留一个空碗，表达对另一个世界亲人的怀念。

233.“年夜饭”的菜品有哪些要求？

年夜饭也是中国人过年最丰盛的一顿晚宴，与平日里普通的家宴有很大的不同，尤其是在菜品上有许多要求。

一是菜品要体现过年的“年味”。比如北方人吃饺子，饺子的寓意是“交子”，是辞旧迎新之际最重要的年节食品，在此时此刻吃饺子最为独特、记忆最深刻。同时，饺子形状又恰似一个元宝，是财富的象征。做饺子的过程，从揉面、擀皮、调馅、包、煮、吃，是全家人协作参与的过程，这个过程体现了“和”文化，蕴含着中国人家和万事兴的精神。同样，南方人过年吃汤圆、吃年糕，寓意过年“团团圆圆”“步步高升”。二是菜品要有个好彩头。年夜饭更多体现的是一家人团聚的意义，每道菜都要有吉祥寓意。上什么菜，都有“彩”头，比如鱼代表“年年有余”，鸡代表“吉祥如意”，丸子代表“团团圆圆”，甜饭代表“甜甜蜜蜜”，大烩菜代表“全家福”等。三是要体现浓浓的家乡味道。年夜饭是浓浓的乡愁，菜品中记忆最深刻的是儿时父母手中的拿手菜，最简单的食材、最原始的做法，却是过年最刻骨铭心的味蕾记忆。

年夜饭究竟该上多少道菜？各地食俗不同。有些地方讲究”四平八稳”“四季平安”，上四个凉菜叫“四平”，八个热菜叫“八稳”，意思就是在新的一年里平安稳定。如果家庭成员少，讲究四凉（四平）六热（六顺），有“四季平安”的寓意。各家情况不同，上几个菜没有统一的规定，总之以丰盛而不浪费为原则。

234. 为何春节忌讳吃鱼头鱼尾？

年夜饭中最不能少的一道菜就是鱼，过年吃鱼有非常好的寓意——“年年有余”，因为鱼与“余”谐音，代表着人们对新的一年财源广进，赚得更多，存得更多，财富能有盈余，未来日子有奔头的美好期盼。

鱼通常是宴席中的最后一道菜，年夜饭上的鱼必须是全鱼、整鱼，不能是鱼块、鱼条。有的地方讲究，端上桌后不吃留着，作为吉祥物，意味着“年年有余”。也有的地方，年夜饭上的鱼，只吃身子，忌吃鱼头、鱼尾，要留头、留尾到明年。还有的地方，就是春节走亲访友到亲友家吃鱼也有这种讲究，不要吃鱼头和鱼尾，给亲友留下“年年有余”的美好祝愿。

过年吃什么鱼也有讲究，由于鲤鱼中的“鲤”与“礼”谐音，过年吃鲤鱼大吉大利，也有“鲤鱼跃龙门”的美好祝福，如果家中有孩子考学，上鲤鱼是个好彩头；由于鲫鱼的“鲫”与“吉”谐音，上鲫鱼也有吉祥如意的彩头；鲢鱼中的“鲢”与“连”谐音，过年吃鲢鱼也有连年有余之喜。

过年上鱼时，还有鱼头对着长辈或贵客的讲究，行酒令为“头三尾四”，分别敬三杯酒、四杯酒，主要体现尊敬之礼。

235. “年夜饭”的座次有哪些礼仪？

年夜饭是一年中全家的一顿盛宴，要体现家庭团圆，营造温馨和谐幸福的氛围。中国是一个礼制社会，年夜饭的座位是要讲究礼序的，不能乱了规矩。

尽管年夜饭是家宴，但长幼有序的礼规也要遵守，要体现出一个家庭良好的修养和家风。一是长辈为上。参加年夜饭的是家庭内部成员，家宴通常是按照辈分安排座位次序的，不能按官职大小、财富多少排序，这一点切记；二是长者为上。长辈坐定后，同辈按照长幼顺序依次排定；三是特殊情况，为了照顾小孩，也有与长辈挨着坐的情况。在我国的一些农村，曾有讲究妇女不上桌的习俗，那是比较落后地区对女性歧视的陋俗，应该废除。

年夜饭是一年中最盛大的一餐，是要讲究吃饭规矩的。吃饭的时候，长辈先动筷子，后辈才能动筷子。切忌小孩子不顾礼数，乱夹菜、乱用筷子、乱敲碗盘。小孩子如果饿了，可以提前安排小点心。

236. 阖家团圆的“阖”有何含义?

过年最常用的祝福就是“阖家团圆”，团圆是中国年的核心主题。那么，这里的“阖”究竟有什么特殊的含义呢?

“阖”在汉语里有两种含义，一是同“合”，“阖家团圆”有时也写成“合家团圆”，意思是全家团圆，一个也不能少。二是“关门””闭合”的意思，有“阖门”“阖眼”等词语，《周易·系辞上》虞注：“阖，闭翕也。”“阖”就是门扇，也有大门的意思。“阖”是一个表示尊敬的词，即敬词，用来表示和睦之意，通常用于正式场合，不含自己，如“祝您阖家欢乐”，一般用在请柬、贺卡上。“合”则是一个中性词，也有整体、全部的意思，通常在不那么正式的场合使用，也可以含自己，如“祝我们合家欢乐”。

千百年来，中华民族一直使用“阖家团圆”，而不使用“合家团圆”，这里面就有了特殊含义，也与中国年的禁忌有关。因为中国人十分重视除夕全家人守岁、吃年夜饭，以家庭内部成员为核心聚会，也可谓是闭门会议，不欢迎不速之客拜访。久而久之，就形成了一种礼俗，大年三十不串门。正因为这样，“阖”这个有“门”的字就一直延用到今天。

237.“除夕”之夜是指哪一天?

“除”是指除去，“夕”是指日落、傍晚，“除夕”也叫“岁除”，有“岁穷月尽，挨年近晚”之意。“除夕”一般情况下是指大年三十，但我国个别年份没有大年三十，只有腊月二十九，那么腊月二十九这一天就是“除夕”。总之，“除夕”是一年中的最后一夜。

为何会出现“除夕”之夜日期不统一的现象呢？背后有哪些中国历法上的奥秘呢？其实发生这类现象并不奇怪，这与我国的阴历历法有关。我国的阴历是按照月亮运动的规律制定的，按照传统历法，以月相的变化由“朔—望—朔”为一月，但每月“朔—望—朔”的出现并不一致，时长时短，因此产生了大月与小月之分，大月为 30 天，小月为 29 天，而且大小月并不固定。如果某年的正月初一与下一个年度的正月初一之间恰逢小月，就没有大年三十了。从查阅历法来看，发现除夕出现在小月的时间并没有明显的规律，小月有时出现得也比较频繁，比如 2022、2025、2026、2027、2028、2029 都是小月，没有大年三十，除夕都是腊月二十九。这是我国历法造成的自然现象，并不奇怪。

不管历法如何变，“除夕”这一夜都是旧一年的最后一夜，也是新一年的第一天。以子夜为分界点，旧尾与新岁相连，一夜连两岁，是辞旧迎新的重要节点。正因如此，“除夕”之夜对中国人十分重要，有守岁、吃团圆饭、放爆竹等一系列习俗，除旧布新、驱邪迎祥，迎接新年的开始。

238.“除夕”的“夕”是指什么？

在我国民间传说中，除夕的“夕”被演绎为一个“年兽”，而非一个时间概念。“年”和“夕”都是一只怪兽，只是说法不同而已。传说远古时期，有一种凶猛的怪兽，平时生活在深山密林里，外貌狰狞，生性凶残，每隔三百六十五天就窜到人间吃人尝鲜，人们称之为“年兽”。每到“年兽”到来的那个深夜，大家共同守岁，点燃火把，燃放爆竹，吓走“年兽”，这一晚也叫除夕，除去“夕”也是赶走“年兽”的意思。

除夕驱疫在我国古代占有重要地位，驱傩仪式是古人除夕的重头戏。北宋《东京梦华录》载：“至除日，禁中呈大傩仪，并用皇城亲事官。诸班直戴假面……用镇殿将军二人，亦介胄，装门神。教坊南河炭丑恶魁肥，装判官。又装钟馗小妹、土地、灶神之类，共千余人。”可见，宋代除夕驱傩竟有千余人参加。同样，在南宋《岁时广记》中也有记载：“除日作面具，或作鬼神，或作儿女形，或施于门楣，驱傩者以蔽其面，或小儿以为戏。”“除夕”这种驱傩仪式，与传说中的驱除“年兽”系出一脉，都是抵御“怪兽”对人的侵害，从而使“除夕”这个名字有了人文内涵。

239. 守岁的意义是什么？

我国民间有除夕之夜守岁的习俗，吃完年夜饭，餐具洗干净，开始守岁。守岁就是除夕之夜不睡觉，通宵灯火不灭，阖家欢聚，守着“岁火”不熄灭，等待新年的到来。

守岁也叫“点岁火”，也叫“燃灯照岁”，讲究将家中所有房子都点上灯烛，甚至在床底下点灯烛，谓之“照虚耗”，民间认为如此照过之后，就会使家中来年财富充盈富足。很显然，这种通宵燃灯的习俗，与平日里提倡节俭的习俗大为不同，平日点灯熬油是为了生活和读书，一切还需以“节省”为佳。可见“宁省全年，不省过年”，“年”对中国人的意义重大。通宵点灯守岁“熬年夜”，是中国人难得的一年一次的家庭大团圆、大聚会，也是唯一一次彻夜交谈、长幼欢聚的难忘一夜，从古至今，守岁是中国人最难忘的经历，是共享天伦之乐、倾诉亲情、排遣乡愁的最佳时刻。

除夕守岁　李运正　撕纸画

当然，守岁通宵燃灯最初与“年兽”的传说有关。为了共同抵御怪兽对人的侵害，大家团结起来，共同守岁，以点灯、燃竹等手段，对付怕“光”

只配生活在黑暗里的“年兽”。正是人类战胜各种“怪兽”的行为和手段，从而形成了我国的各种节日习俗。除夕守岁是我国最重要的年俗，魏晋南北朝就有记载，西晋的《风土记》记载，除夕之夜，蜀地守岁有各相赠送的习俗，谓之“馈岁”，“酒食相邀为别岁，至除夕达旦不眠”。

240. 为何说压岁钱最早叫“压祟钱”？

除夕之夜压岁钱　阖家守岁乐团圆　李运正　撕纸画

过年通常是晚辈给长辈拜年，长辈要给晚辈尤其是小孩子发压岁钱，有长辈祝福小孩子健康成长的吉祥寓意。压岁钱什么时候发？一般是在年夜饭后，全家都在，小辈向老辈叩拜，老辈给晚辈压岁钱，并加以教诲和鼓励。如今把叩拜礼改为了鞠躬礼，但仪式感还是应该有的。

早期压岁钱应该叫“压祟钱”，“祟”在汉语里的意思是“鬼魅出来作怪”。鬼鬼祟祟、暗中作祟，都是这个“祟”，它是一个令人讨厌的鬼怪。在古代华夏先民的意识里，“年兽”与“祟”都是在除夕这一天出现的，大人守岁熬夜，小孩子们未必能够熬得住。于是，为了保护小孩子睡着了不被“祟”所侵害，便把缠着红线的铜钱压在小孩子的枕头下面，“祟”怕红和光，见到红线铜钱就会吓得纷纷逃跑，从而达到保护小孩子的目的。从史料上看，最早的“压祟钱”并非真钱，汉代叫“压胜钱”，是一种佩戴的像钱币的避邪品。唐代叫“洗儿钱”，是长辈给新生儿的避邪去魔的护身符，主要的作用是驱邪迎祥、镇祟压鬼，保佑小孩子平安。

后来，从“压祟钱”发展到“压岁钱”，日益从精神层面向物质层面转化，越来越讲究实用性了。清代诗人吴曼云就有一首《压岁钱》诗：“百十钱穿彩线长，分来角枕自收藏。商量爆竹饧箫价，添得娇儿一夜忙。”诗中描绘了几个小孩子得了压岁钱之后，一夜不停地商量买爆竹、糖、箫的生动场面，那一颗颗童心让人忍俊不禁。压岁钱本是过年长辈给小孩的零花钱，主要是表达心意的，不在多少。在民国时期，过年长辈发压岁钱，成为派发“福利钱”：包上百文铜钱，寓意“长命百岁”；包上银圆一枚，寓意“一本万利”。